Kohlhammer

Metalbook, Vol. 3

Herausgegeben von Charalampos Efthymiou, Peter Kritzinger und Peter Pichler

Eine Übersicht aller lieferbaren und im Buchhandel angekündigten Bände der Reihe finden Sie unter:

https://shop.kohlhammer.de/metalbook

Der Autor

Prof. Dr. Manuel Trummer ist Vergleichender Kulturwissenschaftler an der Universität Regensburg. Nachdem Manowars Kings of Metal 1988 sein Leben verändert hatte, wurde er 2009 mit dem Thema „Sympathy for the Devil" promoviert. Neben seiner laufenden Forschung zum immateriellen Kulturerbe und ländlichen Transformationsprozessen ist er u. a. Mitherausgeber der Reihe „Kulturen populärer Unterhaltung und Vergnügung", Redakteur des Metalmagazins *Deaf Forever* und Gitarrist der Epic Metal-Band Atlantean Kodex.

Manuel Trummer

Highway to Hell

Das Satanische im Heavy Metal

Verlag W. Kohlhammer

Dieses Werk einschließlich aller seiner Teile ist urheberrechtlich geschützt. Jede Verwendung außerhalb der engen Grenzen des Urheberrechts ist ohne Zustimmung des Verlags unzulässig und strafbar. Das gilt insbesondere für Vervielfältigungen, Übersetzungen, Mikroverfilmungen und für die Einspeicherung und Verarbeitung in elektronischen Systemen.

Es konnten nicht alle Rechtsinhaber von Abbildungen ermittelt werden. Sollte dem Verlag gegenüber der Nachweis der Rechtsinhaberschaft geführt werden, wird das branchenübliche Honorar nachträglich gezahlt.

Dieses Werk enthält Hinweise/Links zu externen Websites Dritter, auf deren Inhalt der Verlag keinen Einfluss hat und die der Haftung der jeweiligen Seitenanbieter oder -betreiber unterliegen. Zum Zeitpunkt der Verlinkung wurden die externen Websites auf mögliche Rechtsverstöße überprüft und dabei keine Rechtsverletzung festgestellt. Ohne konkrete Hinweise auf eine solche Rechtsverletzung ist eine permanente inhaltliche Kontrolle der verlinkten Seiten nicht zumutbar. Sollten jedoch Rechtsverletzungen bekannt werden, werden die betroffenen externen Links soweit möglich unverzüglich entfernt.

Umschlagabbildung: © Adobe Stock.

1. Auflage 2024

Alle Rechte vorbehalten
© W. Kohlhammer GmbH, Stuttgart
Gesamtherstellung: W. Kohlhammer GmbH, Stuttgart

Print:
ISBN 978-3-17-042074-8

E-Book-Formate:
pdf: ISBN ISBN 978-3-17-042075-5
epub: ISBN 978-3-17-042076-2

Inhalt

1   „The Devil's Music": Als Intro 7
2   „Louder than Hell": Metal als Tabubruch für das Gehör 17
3   „Please God, Help Me!": Teufelsfurcht 25
4   „Lucifer Rising": Spiritualität und Ästhetik 41
5   „Ohne die Musik wären wir nur Kasperltheater": Das Satanische als Show 63
6   „In League with Satan": Teufelspakte und Blasphemie .. 75
7   „Livin' Easy, Lovin' Free": Outlaws und Hexen 91
8   „South of Heaven": Schockierende Sozialkritik 101
9   „I am God": Individualismus und Sozialdarwinismus ... 109
10 „We are the Apocalypse": Atmosphäre, Pubertät und Verbrechen 121
11 „Aryan Black Metal": Von Satan zu Hitler 135
12 „Genies, Sorcerers and Mesopotamian Nights": Die Globalisierung des Teuflischen 145
13 „Satan is Real": Der Teufel als Gradmesser gesellschaftlicher Entwicklungen 153

Vierzig satanische Referenzwerke 159

Anmerkungen 161

1
„The Devil's Music": Als Intro

> What is this that stands before me?
> Figure in black which points at me [...]
> Big black shape with eyes of fire
> Telling people their desire
>
> *Black Sabbath, „Black Sabbath", 1970*

Jede gute Geschichte hat einen Bösewicht, jede Superheldin ihre Nemesis, jeder Batman seinen Joker. Jede Gesellschaft pflegt ihre Feindbilder, ihre Sündenböcke und Ausgestoßenen. Denn sie übernehmen wichtige Funktionen in unseren Alltagskulturen: In Erzählungen verkörpern sie unsere kollektiven Ängste und bedrohen uns in ihrer Andersartigkeit. Bösewichte machen uns so auch stets bewusst, wer wir sind: Indem sie einem unsichtbaren Netz kultureller Werte und Normen entgegenstehen, Gesetze brechen und etablierte Ordnungen zertrümmern, führen sie uns unsere geteilten Werte vor Augen, aber auch, wer nicht zu „uns" gehört.

Die besten Bösewichte sind dabei jene, die mehr bieten als reine Niedertracht. Sie verkörpern Narrative, die unsere eigenen Wertesysteme grundsätzlich infrage stellen. Womöglich versuchen sie sogar, uns mit der großen Erzählung, mit der sie die Welt interpretieren, auf ihre Seite zu ziehen, so wie Darth Vader den jungen Luke Skywalker. Sie verführen mit ihrer Interpretation der Welt und faszinieren uns mit sündigen Alternativen zur herrschenden Ordnung. Mit einem überzeugenden und anschlussfähigen Sinnangebot schaffen die besten Schurken es, zu schillernden (Anti-)Helden ihres eigenen Reichs zu werden, mit Fans und Anhängern, die ihre Werte und Normen teilen – und ihre Ablehnung von etablierten kulturellen Konventionen. Oft sind sie sogar die spannenderen Figuren.

1 „The Devil's Music": Als Intro

Kein Bösewicht in der Geschichte der Menschheit hat dabei eine ähnlich steile Karriere vollzogen wie der Teufel. Von einer alttestamentarischen Nebenfigur gelang ihm in den vergangenen rund 3.000 Jahren der Aufstieg zum Global Player. Auch wenn Papst Paul VI. ihn noch 1972 als „Feind Nummer Eins" und „real existierende Kraft" verstand, hat er längst seine traditionelle, durch die Glaubensvorstellungen des Nahen Ostens und die christliche Theologie geprägte Herkunft hinter sich gelassen. Die Bilderbuchkarriere des Teufels steht dabei auch für einen Emanzipationsprozess. Denn der kirchlichen Deutungshoheit hat er sich längst entzogen und hat spätestens seit der europäischen Aufklärung in den populären Kulturen und Literaturen großen Erfolg. Als Figur des Schauerromans, als Werbeikone oder als Leinwandstar erreicht der Teufel seit dem 19. Jahrhundert ein weltweites Publikum, für dessen Bedürfnis nach Vergnügen, Schauer, Action und Protest er anschlussfähig geworden ist. Satan, der in unserer vermeintlich säkularen Welt leicht als Anachronismus erscheinen mag, ist überraschend vital.

Trotz seiner vielen neuen Masken und Rollen steht er dabei im Kern noch immer für ein großes gesellschaftliches Narrativ: die Rebellion gegen Autoritäten. Er ist der Widersacher, der ausgestoßen wurde, als er sich gegen die etablierten Hierarchien des Himmels auflehnte. Und mit der Revolte gegen die traditionelle Ordnung können sich mehr und mehr Menschen identifizieren – gerade vor dem Hintergrund der Schübe soziokultureller Individualisierung, wie sie die modernen Gesellschaften seit der bürgerlichen Aufklärung des späten 18. Jahrhunderts und noch einmal drastisch beschleunigt im neoliberalen Kapitalismus des 21. Jahrhunderts durchlaufen. Besonders in den populärkulturellen Märkten bietet das im kulturellen Tiefenbewusstsein des globalen, christlichen Nordens felsenfest verankerte Bild vom Teufel als „Feind Nummer Eins" Anschlusspunkte für Protest, Unangepasstheit und kreative Eigensinnigkeit. Der Teufel ist darin keineswegs mehr nur das Idol obskurer Randmilieus, okkulter Phantasten oder rebellischer Jugendszenen, sondern Alltag breiter Bevölkerungsteile.

Die erstaunliche Weltkarriere des Teufels vom christlich codierten Widersacher zum säkularen Symbol gesellschaftlichen Aufbegehrens verbindet sich im 20. und 21. Jahrhundert maßgeblich mit der populären Musik. Als „Leitmedium der Populärkultur", wie sie der deutsche Kulturwissenschaftler Kaspar Maase bezeichnet, bildete sie den Transmissionsriemen für seine beispiellose Popularisierung.

Keine andere Musikform verbindet sich in diesem Prozess aber so sehr mit dem Teufel wie Heavy Metal. Galten bereits seine musikalischen Vorläufer Blues, Rock 'n' Roll und Rock den Hütern konservativer Werteordnungen als „Teufelsmusik", hat sich Heavy Metal von Beginn an in seiner Ästhetik, Literatur und Ideologie ganz grundsätzlich und aus freien Stücken dem Teufel verschrieben. Heavy Metal und den Teufel eint dabei vor allem der Drang, etablierte Grenzen zu überschreiten: Grenzen der Lautstärke, des „guten" Geschmacks, des ästhetisch und moralisch „Erlaubten", des bürgerlich-„hochkulturellen" Kunstempfindens. Als in ihrem innersten Kern „transgressive", also Grenzen überschreitende Kultur bezeichnet auch der britische Metalforscher Keith Kahn-Harris den Heavy Metal und verweist auf dessen grundsätzliches Selbstverständnis als gegenkulturelles Sprachrohr gegenüber einem als erdrückenden banal empfundenen popkulturellen Mainstream. Die Lust an der Kontroverse, der ritualisierte Tabubruch sei der DNA des Heavy Metal eingeschrieben.

So inspiriert der Teufel seit Entstehung des Heavy Metal in den späten 1960er Jahren Bands, deren Musik und teils auch deren individuelle spirituelle Suche. Die Künstler dankten es ihm mit einer beispiellosen kreativen Explosion, die ihn auch über die Säkularisierungs- und Entkirchlichungsprozesse des 20. Jahrhunderts zu einer festen Größe in unseren Alltagen macht. Und auch in dieser Bezie-

… hung sind Teufel und Heavy Metal transgressiv: Sie überschreiten mediale und längst auch geografische Grenzen und finden sich heute etwa auch in islamischen Staaten wieder. Gerade hier kommt dem Heavy Metal als „Teufelsmusik" auch im 21. Jahrhundert noch eine bedeutende Rolle als kritisches Korrektiv mit erheblicher politischer Kraft zu.

Dutzende unterschiedlicher, oft gegenläufiger Erzählungen knüpfen im Heavy Metal an das faszinierende teuflische Narrativ der Rebellion gegen als beengend empfundene Ordnungen an. Um diese Erzählungen geht es in diesem Buch.[1]

Erzählungen sind zunächst eine alltägliche, jedem Menschen eigene Kulturtechnik. Sie dienen einerseits dazu, das eigene Leben und die Komplexität und Widersprüchlichkeit der modernen Welt kommunikativ zu ordnen, um so die unüberschaubare Fülle der kontrastierenden, bedrohlichen, manchmal auch lustigen und unerklärlichen Erfahrungen in eine überschaubarere Struktur zu bringen. Das hilft uns, die auf uns eindringenden Probleme zu bewältigen, unsere Entscheidungen zu begründen und so dem eigenen Dasein Sinn zu verleihen.

Andererseits sind Erzählungen auch schlicht unterhaltsam. Wir können uns in ihnen genussvoll verlieren, sie eröffnen uns fremde Welten, bieten ein Spiel mit Alternativen, eine fremde Perspektive auf die Welt, die uns belehren und informieren kann oder uns zumindest über neue Blickwinkel auf etablierte Gewissheiten grübeln lässt. Auch bereitet es Vergnügen, andere mit unseren Geschichten zu fesseln oder zu überraschen. Vielleicht wollen wir durch eine emotionale Erzählung auch Mitleid und Sympathie für uns selbst oder ein wichtiges Anliegen generieren? Denn Erzählungen verbinden auch. Sie schaffen Gemeinschaft und stiften Identität, indem sie es erlauben, uns auf die eine oder andere Weise zu erzählen – als rebellische Individualistin, als frommer Christ oder als kühle Intel-

1 „The Devil's Music": Als Intro

lektuelle. So können wir uns bestimmten gesellschaftlichen Gruppen und Wertesystemen kommunikativ zuzuordnen. Die deutsche Erzählforscherin Silke Meyer geht grundsätzlich davon aus, dass sich „Menschen gesellschaftliche Diskurse über das individuelle Erzählen aneignen". Dabei glauben sie, dass „in der ‚richtigen' Selbsterzählung die Hoffnung auf soziale Inklusion liegt."[2]

Besondere Überzeugungskraft erhalten unsere Erzählungen, wenn sie an eine größere, gemeinsame Geschichte andocken. Vor allem in den letzten zwanzig Jahren hat sich für diese verbindenden Metaerzählungen der Begriff des Narrativs etabliert. Die größte Metaerzählung des Heavy Metal ist die der Rebellion. Das Narrativ der Revolte, des Widerstands gegen „die da oben" und jegliche Form von Autorität, verkörpert sich in keiner Figur so sinnfällig wie im Teufel, dem personifizierten Widerstand. Die Erzählungen sind dabei so vielgestaltig wie Teufel, Satan, Luzifer selbst. Bereits seine vielen Namen deuten es an: Nicht nur heute handelt es sich um eine internationale Gestalt, schon seine Entstehung fällt unter den Einfluss verschiedener Ethnien, Nationen und Glaubenssysteme.

Die Gestalt des Teufels geht zurück auf die Figur „der Satan" im Alten Testament. Im hebräischen śāṭān – was so viel bedeutet wie „der Opponent" – wird der Teufel um die Mitte des ersten vorchristlichen Jahrtausends erstmals als Widersacher und Feind greifbar (also etwa 2.500 Jahre vor der New Wave Of British Heavy Metal-Band Satan). Über die Septuaginta, die bedeutende erste Übersetzung des Alten Testamentes ins Griechische, verfestigte sich im 2. Jahrhundert v. Chr. diese Lesart. Neben dem Begriff *satanas* nutzten die Übersetzer auch erstmals die Bezeichnung *diabolos*, die sich vom Verb *diaballein* ableitet – „verfeinden, schmähen, verleumden". Daraus entwickelte sich das *diabolus* der lateinischen Bibelübersetzung, der Vulgata, und aus diesem wiederum das althochdeutsche *tiufal*, die Wurzel des deutschen Wortes „Teufel".

1 „The Devil's Music": Als Intro

Eine weitere Facette des Teufels, die in der Bibelgeschichte des gefallenen Engels überliefert wird, ist der Hochmut. Der Teufel wurde – wie die gesamte Schöpfung – zunächst gut erschaffen, wählte jedoch aus Stolz den Widerstand gegen Gott. Er weigerte sich, den Menschen als Gottes Ebenbild anzuerkennen und ihm damit faktisch untertan zu sein – Luzifer, der Lichtbringer, betritt die Bühne. Seine Weigerung, sich mit den bestehenden Verhältnissen und den Mächten dahinter zu arrangieren, inspiriert bis heute Künstler, Literaten und Musiker. Gerade im Heavy Metal und seiner (Fan-)Kultur gewinnt der Teufel in dieser Gestalt auch ein machtvolles emanzipatorisches und widerständiges Potenzial.

Die wahrscheinlich größte Fülle teuflischer Erzählungen des Heavy Metal öffnet sich in den zahllosen Songtexten, die sich seit den späten 1960er Jahren mit satanischen Themen beschäftigen. Obwohl literarisch-fiktional, sind sie doch auch als Selbsterzählungen der Künstlerinnen und Künstler zu lesen. Texte sind im Heavy Metal keineswegs nur unterhaltsames Beiwerk, sondern verraten viel über die Interessen und Wertehaltungen, mit denen sich Bands als „Friends of Hell" zu erkennen geben, wie es die britische Band Witchfinder General formulierte. Da die Aufarbeitung des Teuflischen in Songtexten oft aus der Ich-Perspektive geschieht, entsteht für Außenstehende ein Deutungsproblem, das noch in den 1990er Jahren zu zahlreichen Attacken auf Heavy Metal als vermeintlich jugendgefährdende Schundkultur führte. Zu groß ist die Versuchung, von im literarischen „Ich" geschilderten schwarzen Messen auf die Überzeugungen der jeweiligen Verfasser zu schließen. Doch wie der norwegische Black Metal-Musiker Cornelius von der Band Solefald im Interview zu Protokoll gibt: „Ein Schauspieler, der Luzifer spielt, ist nicht unbedingt böse!"[3]

Dennoch schreiben sich Heavy Metal-Bands nicht nur über ihr literarisches Ich in das Narrativ des Teufels ein, sondern auch über ihre Künstler- und teils sogar Privatpersönlichkeiten. So schöpft dieses

1 „The Devil's Music": Als Intro

Buch zweitens auch aus einer Vielzahl von Selbsterzählungen in Form von Interviews, mit denen sich Heavy Metal-Musiker in Szenemagazinen, Medien und der Musikpresse auch abseits der Bühne als Eingeweihte präsentieren – als *In League with Satan*, wie ein Albumtitel der britischen Black Metal-Pioniere Venom lautet. Die Behauptung, man praktiziere auch im Privaten satanische Riten und verfüge über okkultes Wissen, zählt seit den 1960er Jahren zum rhetorischen Arsenal schwermetallischer Imagearbeit. Ihr Spektrum reicht von provokantem Mummenschanz bis hin zu kriminellen Aktivitäten.

Drittens bietet die visuelle Kultur des Heavy Metal einen reichen Fundus teuflischer Selbsterzählungen. Auf T-Shirts, Aufnähern und vor allem den Plattencovern der Bands trifft man auf die ekstatischen Höllendarstellungen Hieronymus Boschs ebenso wie auf die esoterische Symbolik des französischen Okkultisten Éliphas Lévi (▶ Abb. 1). Denn auch Plattencover sind im Heavy Metal nicht lediglich Verpackung, sondern eröffnen die Kommunikation zwischen Künstler und Fan. Auch in Zeiten von YouTube dienen sie als Anreiz für potenzielle Käufer, eine Platte anzuklicken und womöglich zu erwerben. Vor allem aber visualisieren Plattencover das, was das Publikum in musikalischer und textlicher Hinsicht erwartet. Merchandise-Artikel wie Poster und T-Shirts reproduzieren populäre Covermotive und werden so zu Symbolen für Bands, deren Musik und Ideologien, die Fans in Shirt und Kutte zu deren laufenden Litfaßsäulen und Markenbotschaftern.

1 „The Devil's Music": Als Intro

Abb. 1: Einkaufstasche der britischen Band Angel Witch. Sie zeigt eine Baphomet-Darstellung des französischen Okkultisten Éliphas Lévi (Foto: angelwitch.bandcamp.com).

Denn auch die Metal-Fans haben maßgeblichen Anteil an der Popularisierung des Teufels weit über ihre eigene Szene hinaus. Sie greifen die Erzählungen der Bands auf und spinnen sie in einer kreativen Anschlusskommunikation weiter: Tätowierungen von Teufelsfratzen, Poster von satanistischen Black Metal-Bands an der Wand des Kinderzimmers oder einfach nur ein Shirt mit einem Albummotiv von Slayer in einem fundamental-islamischen Staat – all das sind Weisen, wie sich Fans in das große Narrativ des Heavy Metal, die Rebellion gegen „die da oben", einschreiben. Freilich hat dieser ästhetische Widerstand zumindest in den meisten Ländern des globalen Nordens nicht mehr das subversive Potenzial wie noch zu Zeiten

1 „The Devil's Music": Als Intro

der „satanic panic" der 1970er und 1980er Jahre. Wenn heute Konservative wie der ehemalige Verteidigungsminister Karl Theodor zu Guttenberg samt Ehefrau medienwirksam mit Plastikteufelshörnchen und „Highway to Hell"-Shirt ein Konzert von AC/DC besuchen oder Markus Söder im Kiss-Shirt „Dämon" Gene Simmons abfeiert (▶ Abb. 2), wird klar, dass der Teufel im Zuge seiner Popularisierung auch revolutionäres Potenzial verloren hat.

Abb. 2: KISS = „Konservativ in Satan's Service"? Markus Söder (CSU), damals bayerischer Finanzminister, besuchte 2013 im Kiss-Shirt das Rock im Park-Festival (Foto: picture-alliance/dpa).

Und dennoch: Als Folie für Selbsterzählungen von Individualität, Unangepasstheit oder von der kleinen Grenzüberschreitung im Alltag taugt er auch hierzulande offenbar noch blendend. Die Widersprüche sind also groß und die Erzählungen, mit denen Bands und Fans sich das rebellische Potenzial des Teufels zu eigen machen, sind vielfältig. Im Folgenden betrachten wir die wichtigsten dieser teuflischen Erzählungen des Heavy Metal. Wir versuchen zu verstehen, wo ihre Wurzeln liegen, aber auch, was sie für die Szene selbst leisten und was sie über breitere soziokulturelle Entwicklungen verraten. Denn trotz aller Widerständigkeit – Heavy Metal bleibt stets auch Teil unserer Gesellschaft.

2
„Louder than Hell": Metal als Tabubruch für das Gehör

> Black is the night, metal we fight
> Power amps set to explode.
> Energy screams, magic and dreams
> Satan records the first note.
>
> Venom, „Black Metal", 1982

Eine schauerliche Nacht. Prasselnder Regen, Blitze zucken über den Himmel, der Donner grollt unheilvoll, durchdrungen von einer hellen Friedhofsglocke. Acht helle Schläge, bevor die Gitarre einsetzt. Tief, langsam und bis zum Anschlag verzerrt, dröhnt eine ominöse Akkordfolge. Sie packt das Publikum und zieht es auditiv mitten in die unheimliche Szenerie. Denn die zäh aufeinander folgenden Akkorde klingen dissonant, sie erinnern an das warnende Martinshorn eines heranrasenden Krankenwagens – nur um ein Vielfaches langsamer und weit bedrohlicher. Die sich langsam aufbauende Dissonanz alarmiert das Publikum, ein Unheil kündigt sich an, etwas Böses bricht herein, unaufhaltsam wie das sich auftürmende Gitarrenriff.

Dann erscheint etwas … oder jemand? Aus der Disharmonie tritt schattenhaft eine Gestalt hervor: „What is this that stands before me? / Figure in black which points at me", stellt der entsetzte Erzähler mit einer schneidenden, nasalen Stimme fest, die von der angenehmen Vokalästhetik des Pop ebenso weit entfernt ist wie der Höllenlärm der Gitarren von klassischen Idealen der Harmonielehre. Der Eindruck wird nun klarer: Der Widersacher selbst war es, der sich in dieser schrillen Dissonanz angekündigt hatte:

> Big black shape with eyes of fire
> Telling people their desire
> Satan's sitting there, he's smiling
> Watches those flames get higher and higher

Das Entsetzen ist groß: „Oh, no, no, please, God, help me!", schreit der Erzähler panisch – und beginnt zu laufen.

Es wäre verfehlt, ein Buch über das Teuflische im Heavy Metal nicht mit Black Sabbath zu beginnen. Der Einfluss der 1968 in Birmingham von Gitarrist Tony Iommi, Bassist Geezer Butler, Drummer Bill Ward und dem berüchtigten Sänger Ozzy Osbourne gegründeten Band auf den Sound des Heavy Metal, aber auch auf seine literarischen Themen und seine Ästhetik ist monumental. Das am Freitag, dem 13. Februar 1970, erschienene gleichnamige Debütalbum beginnt mit der eingangs geschilderten Höllenvision und wird vielfach als Stunde Null des Genres betrachtet.

Der Urknall in Form des Eröffnungstracks „Black Sabbath" ist aufgrund seiner Verbindung von satanischen Schauerszenarien mit einer dissonanten, ins Extrem gesteigerten Klangästhetik stilprägend. So basiert das mehr als sechsminütige Stück auf der härtesten Dissonanz, die die europäisch geprägte Harmonielehre zu bieten hat – dem Tritonus, einer übermäßigen Quarte über drei Ganztöne. Während er heute mit seinem schrillen Klang das Herannahen eines Rettungswagens ankündigt, galt er geistlichen Traktateschreibern des Mittelalters als Intervall des Teufels. Der lateinische Merkvers *mi contra fa est diabolus in musica* („h gegen f ist der Teufel in der Musik") brachte es auf den Punkt. Der *diabolus in musica* meint etwas zu Vermeidendes, ein Verbot. Gleich mit ihrem bahnbrechenden ersten Song verstoßen Black Sabbath gegen dieses Verbot und nutzen die geächtete (Dis-)Harmonie, um ihre schauerliche Begegnung mit Satan klanglich eindrücklich zu erzählen. Der Verstoß gegen etablierte Konventionen, um dem Bösen einen Klang zu geben, gerät zum Stilmittel, das bis in die Gegenwart für das gesamte Genre Heavy Metal prägend wird.

Black Sabbath stellten sich damit, wohl eher instinktiv als reflektiert, in eine lange Traditionslinie musikalischer Grenzüberschreitungen. Denn die Verbindung des Teufels zur Musik ist keineswegs nur ein Phänomen der Gegenwart. So schlug sich bereits die mittelalterliche Metaphysik mit ihrer Lehre von den zwei Reichen Gottes und Satans in der Musik der Zeit nieder. Der himmlischen Liturgie der Engel stand dabei die garstige Klangwelt des Teufels unvereinbar gegenüber. Geistliche Traktate verbanden mit ihr immer wieder das klanglich Verzerrte, Disharmonische und Chaotische. Diese Höllenmusik – oder Protometal? – äußerte sich in der zeitgenössischen Vorstellungswelt in Klagen, Heulen, Gebrüll, Gebell, unerträglicher Lautstärke oder Hohngelächter: klangliche Requisiten, die später oft den berühmten und breit rezipierten Höllenschilderungen aus Dantes *Inferno* entliehen waren und die bereits die gutturalen Growls des Death Metal und die eisige Dissonanz des Black Metal vorwegnahmen.

Doch auch die Stille bildete ein klangliches Element in der frühen Harmonielehre des Teufels. Im tiefsten Kreis von Dantes *Inferno*, der Eishölle der Verräter, zählt zur Strafe der Sünder die Stummheit, was die Verdammten sogar daran hindert, zu wehklagen. An diesem tiefsten Punkt der Hölle ist die weiteste Entfernung vom himmlischen Lobgesang erreicht. Während die gefallenen Heere der Teufel einst selbst an diesem Lobgesang teilnahmen, sind sie nach ihrem Sturz verstummt oder können nur noch schreien, krächzen, kreischen – wie die Black Metal-Sänger der 1990er Jahre oder Ozzy Osbourne bei seiner Begegnung mit Luzifer. Eben diese Expressivität über „Schreie und andere Geräusche physischer und emotionale Anstrengung" sei charakteristisch für Heavy Metal, so der amerikanische Metalforscher Robert Walser.[4] Das Böse hat keine schönen Melodien.

Mit der europäischen Romantik des 18. Jahrhundert kam in der Musik langsam, aber stetig eine Kultur der Singularität auf, die auch heute noch die Popkultur grundlegend prägt. Das Interesse am Einzigartigen, Originellen und Neuen gewann darin nun zunehmend an Bedeutung. Besonders in den kreativen Avantgarden der Zeit begannen Künstlerinnen und Künstler, die etablierten Regeln der Harmonielehre zu überschreiten, um Aufmerksamkeit im wachsenden Musikmarkt der Zeit zu generieren. Im Geniekult des Sturm und Drang, ebenfalls Ausdruck dieser Suche nach Originalität, gewinnen vormals zu vermeidende musikalische Extreme eine neue Beachtung. Goethe etwa berichtet, er habe bei einem Konzert des beliebten, aber berüchtigten Teufelsgeigers Niccolo Paganini in Weimar die Halluzination „einer Säule von Flammen und Rauch" gehabt, glaubte geheimnisvolle Stimmen zu hören und fühlte einen in der Ferne vorbeiziehenden Meteor.[5]

Neben dem Tritonus zeichnete sich das Satanische in der Musik so bald durch rasante Tempi, chromatische Läufe oder dunkle Tonarten aus. Berühmt sind der Auftritt Samiels in Carl Maria Webers *Der Freischütz* (1821), Liszts zweiter *Mephisto-Walzer* (1878–1881) oder Gounods *Faust*-Oper (1859). Sie nehmen die musikalischen Grenzüberschreitungen vorweg, mit denen auch die großen Metalhymnen ab den 1970er Jahren das Satanische erzählen: von Black Sabbaths gleichnamigen Debüttrack über den Tritonus in Slayers apokalyptischem „Raining Blood" oder der zwischen Dissonanz und Elegie mäandernden „Inno a Satana" der norwegischen Black Metal-Pioniere Emperor bis hin zur beißenden Disharmonie in „Keeper of the Seven Keys", einer Teufelserzählung der deutschen Melodic-Metaller Helloween: „On a mound at the shore of the last sea / He's sitting, fixing your sight / With his high iron voice causing sickness / He's playing you out with delight".

Feuriges Chaos, eisiges Kreischen, Dissonanz: der Kern der satanischen Klangästhetik des Heavy Metal ist das Spiel mit musikalischen

Grenzüberschreitungen. Vielleicht die wichtigste davon ist der Kult der Lautstärke. Hohe Dezibelzahlen sind nicht nur ein erneuter Verweis auf das Teuflische, um sie rankt sich auch eine der Kernerzählungen des Genres.

Journalisten standen den Grenzüberschreitungen von Bands wie Black Sabbath, Sir Lord Baltimore, Humble Pie, Led Zeppelin und Dutzenden anderen zunächst ratlos gegenüber. Klar war, dass hinter der Lautstärke, dem bleiernen Groove, der maßlosen Verzerrung, den hoffnungslos-dystopischen Texten ein Programm stand, das sich mit dem zeitgenössischen Vokabular der Rockkritik nicht mehr fassen ließ. Die musikalische Transgression fand ihren unmittelbaren Widerhall im sprachlichen Ringen um das entstehende Genre. Die amerikanische Soziologin Deena Weinstein – Ende der 1980er Jahre eine der ersten universitären Metal-Forscherinnen – verweist in ihrer Namensgeschichte des Genres auf ein Zusammenspiel unterschiedlicher Assoziationen, die um 1970 im Begriff „Heavy Metal" zusammentrafen.[6] Laut Weinstein war es der bekannte Kritiker Lester Bangs, der in einer Rezension des Albums *Canned Wheat* von The Guess Who im *Rolling Stone*-Magazin erstmals den Begriff verwendete: „Mit ihrer Hit-Single ‚Undun' im Rücken sind sie ziemlich erfrischend im Nachgang zu all den Schwermetall-Robotern [*heavy metal robots*] des vergangenen Jahres." Nahezu parallel dazu bedachte ein weiterer, für das Genre bedeutender Journalist, „Metal" Mike Saunders, ebenfalls im *Rolling Stone*, ein Album der britischen Heavy-Rocker Humble Pie mit folgendem Verriss: „eine krachige, unmelodische, schwermetall-bleierne [*heavy metal-leaden*] Scheißrockband, bei der die lauten und lärmenden Teile über jeden Zweifel erhaben sind." Während in Saunders' Urteil die Konnotation von Heavy Metal mit Lärm, Dissonanz, bleischwerem Groove und musikalischem Unvermögen bereits klar formuliert ist, bleibt Bangs' Verwendung des Begriffs noch vage. Als Fan der Beat-Literatur scheint Bangs mit der Formulierung aus einer Reihe von Romanen William Burroughs vertraut gewesen zu sein. In dessen Science-Fiction-Novellen *Nova Express* (1961), *Soft Machine* (1964) und *The Ticket That Exploded* (1962) tritt einerseits ein Charakter namens „The Heavy Metal Kid" auf, zum anderen verwendet Burroughs den Terminus auch für Drogenkonsum und als Analogie zu den giftigen Metallen im Periodensystem der Elemente: „Was wir Opium oder Schrott *[junk]* nennen, ist eine stark verdünnte Form der Schwermetallsucht *[heavy metal addiction]*". Auch Mike Saunders verweist im Interview mit Weinstein bezüglich seiner Assoziation von Heavy Metal mit schädlichen Metallen auf den Chemieunterricht. Die Verwendung für den bleiernen Sound jener neuen, irgendwie härteren, lauteren und unmelodischeren Bands schien ihm passend.

Allerdings war der Begriff „heavy metal" im gegenkulturellen Umfeld der späten 1960er Jahre an vielen unterschiedlichen Orten zu finden, was zu dessen schleichender Popularisierung beigetragen haben mag. So bezeichnete er nicht nur die schweren Metalle des Periodensystems oder im Slang der Zeit Drogenkonsum, sondern erlaubte auch Assoziationen zu Stahl, Eisen, generell der Metallindustrie des amerikanischen Rust Belt – Zuschreibungen, mit denen sich die überwiegend weißen, jungen, männlichen Fans des neuen, harten Sounds identifizierten. Dass auch Black Sabbath Arbeiterkinder aus dem industriellen Moloch Birmingham waren, passt in dieses Bild. Der Mythos von Heavy Metal als neuer Folk Music der industriellen Arbeiterklasse steht in enger Verbindung mit diesem Bedeutungsumfeld.

Der amerikanische Musikwissenschaftler Robert Walser, neben Weinstein ein Pionier der universitären Metalforschung, ergänzt diese Beobachtungen mit dem Hinweis, dass „heavy metal" seit dem 19. Jahrhundert auch als Begriff für schwere Waffensysteme, große militärische Geschütze und Kaliber etabliert ist. Umgangssprachlich fand rasch nicht nur eine Übertragung auf Motorräder statt – wie in Steppenwolfs „Born to be Wild" („Heavy metal thunder / Racing with the wind") –, sondern auch auf persönliche Eigenschaften. Ein

„man of heavy metal" bezeichnet eine Person von großer physischer und psychischer Stärke, jemand, der etwas aushalten könne.[7] Womöglich daran anknüpfend, stand „heavy" in der Sprache der Gegenkultur der 1960er und 1970er auch für Anspruch, Tiefe, den herausfordernden Gehalt eines Werkes: „This is some heavy shit, man" signalisierte, dass ein Song „Power" hatte und das Zeug, das Publikum auf einer tieferen Ebene zu berühren.

Im Kern dieses Bedeutungsfelds aus Härte, Gefahr, Stärke, Drogenkonsum, in dem sich etwa zwischen 1969 und 1972 der Begriff Heavy Metal eher unbewusst als Genrebezeichnung zu etablieren begann, offenbart sich eine tiefe Irritation. Gerade die Affinität für „schweres Kriegsgerät" – hohe Verstärkertürme für enorme Lautstärken und technische Möglichkeiten der Klangverzerrung – wurde in der Folge zu einem der Identifikationspunkte, um den sich Bands, Texte und das Teuflische sammelten: „Black is the night, metal we fight / Power amps set to explode. / Energy screams, magic and dreams / Satan records the first note", skandierten die britischen Black Metal-Pioniere Venom, und schreiben sich mit dieser Selbsterzählung von Satan, „explodierenden Verstärkern" und „kreischender Energie" unmittelbar in das Narrativ dieser musikalischen Grenzüberschreitung ein.

Berühmt-berüchtigt in Sachen Lautstärke sind vor allem die Amerikaner Manowar, die Mitte der Neunzigerjahre mehrfach versuchten, den Rekord der lautesten Band der Welt neu aufzustellen. Parallel dazu erschien 1996 das Album mit dem bezeichnenden Titel *Louder than Hell*. Auch Bands wie Motörhead wetteiferten zeit ihrer Karriere um neue Lautstärkerekorde, was seitens der Fans entsprechend ehrfürchtig goutiert wird. Biografische Anekdoten über das lauteste Konzert, das man je besucht hat, zählen zum narrativen Kanon der Heavy Metal-Kultur. Das Ertragen hoher Lautstärken dient dabei häufig als Beweis, ein wahrer Fan zu sein, und kann die eigene Leidensfähigkeit, Stärke, aber auch Hingabe zu einer bestimmten Band ausdrücken. Nicht umsonst heißt ein wichtiges deutschsprachiges Kioskmagazin für Heavy Metal in Anlehnung an den gleichnamigen Motörhead-Song *Deaf Forever*.

Dissonanz und Tritonus, Chaos und Lärm, infernalische Lautstärken – im Widerstand gegen musikalische Konventionen, zwischen Selbstermächtigung und Selbstschädigung, liegt eine erste, wichtige Erzählung, mit der sich Heavy Metal in das Narrativ des rebellischen Widersachers einschreibt.

3
„Please God, Help Me!":
Teufelsfurcht

Satan's coming 'round the bend
People running 'cause they're scared

Black Sabbath, „Black Sabbath", 1970

Mit der Veröffentlichung von Black Sabbaths gleichnamigen Debütalbum bahnte sich noch eine weitere revolutionäre Neuerzählung des Teuflischen in der Musik an: Unter dem Einfluss von Schauerliteratur und Kino wird Satan zur – oft recht profanen – Schreckfigur. In dieser Erzählung ähnelt der Teufel den monströsen Widersachern aus Horrorfilmen. Und tatsächlich bildeten diese schon seit den Sechzigerjahren einen erheblichen Einfluss auf zahlreiche Heavy-Metal-Bands. Dabei geht es in der Musik wie im Kino weniger um satanistische Überzeugungen, sondern vor allem um eines: schaurige Unterhaltung. Fans und Kritiker übersahen das oft.

So steht schon am Beginn ein großes Missverständnis. Trotz der neuen unheimlichen Klangkulisse in Kombination mit dem dunklen Auftreten der Bandmitglieder entpuppte sich der „Satanismus", für den sich Black Sabbath nach der Veröffentlichung ihrer ersten Platten rechtfertigen musste, als schnöde Marketingmaßnahme. Vertigo, das Label der Band, spekulierte auf den Skandal umgedrehter Kreuze und Gerüchten über Satanismus, um im wachsenden Markt für harte Rockmusik Aufmerksamkeit auf das Debüt der jungen Band zu ziehen. Bassist Geezer Butler räumt ein:

> Mit Okkultismus und Satanismus beschäftigten wir uns während all der Jahre in gerade mal drei oder vier Stücken, und dann versuchten wir vor allem davor zu warnen. Wir baten die Leute, vorsichtig zu sein, wenn sie sich auf diese Dinge einließen. Uns lag nichts ferner, als Satanismus oder schwarze Magie zu verherrlichen.[8]

3 „Please God, Help Me!": Teufelsfurcht

Vor allem die Aussage, die Band habe versucht, mit ihren Texten vor okkultistischen Praktiken zu warnen, erschüttert das Bild der „Urväter des Okkultrock" gewaltig. Tatsächlich machten es sich Black Sabbath mit ihrem sinistren Image zwischen allen Stühlen bequem. So feindeten nicht nur fundamental-christliche Gruppen die Band an, die in Black Sabbath die Diener des Teufels sahen, sondern auch okkulte Zirkel, die sich verärgert zeigten, dass sich die Musiker nicht für esoterisch-magische Praktiken vor den Wagen spannen ließen:

> Ein paar Leute aus der schwarzmagischen Szene veranstalteten in Stonehenge eine Walpurgisfeier, also eine satanische schwarze Messe. Sie hatten von uns gehört und wollten, dass wir kommen und dafür ein paar Lieder spielen. Und wir wollten einfach nicht. Weißt du, mit all dem Quatsch hatten wir doch gar nichts zu tun.[9]

Wenngleich also Black Sabbath privat nichts mit „all dem Quatsch" zu tun haben wollten, und auch nicht in okkulte Praktiken oder Vereinigungen verwickelt waren – woher rührt dann die Faszination für das Teuflische in den frühen Alben der Band? Die lakonische Antwort liefert Tony Iommi, Gitarrist der Band:

> Wenn Menschen Geld dafür bezahlten, sich in Horrorkinos zu Tode erschrecken zu lassen, konnte es nicht schaden, Musik mit einem Grusel-Touch zu spielen. Außerdem nervten uns die Hippies mit ihren Blumen im Haar und ihrem penetranten „Alles-ist-groovy"-Gequatsche.[10]

„Musik mit Grusel-Touch" also, verbunden mit einer Feindseligkeit gegen die friedvollen Utopien der Hippie-Ära, darum ging es bei der neuen teuflischen Erzählung, die Black Sabbath als genredefinierend etablierten. Prägend war somit der reichlich profane Anreiz, das Publikum mit einem schauerlichen Alleinstellungsmerkmal auf die Band aufmerksam zu machen, um so aus der boomenden Hardrock-Szene der Zeit herauszustechen. Nachdem die Band zwischenzeitlich als Earth aufgetreten war, erfolgte am 9. August 1969 auch die Änderung des Namens in das sinistre Black Sabbath. Pate dafür stand nicht zufällig der gleichnamige Horrorfilm mit Boris Karloff aus dem Jahre 1963.

Neben der kreativen Auseinandersetzung mit dem Horrorkino der Zeit manifestiert sich in den nihilistischen, oft hoffnungslosen Texten der Frühwerke ein Klassenunterschied zu den bildungsbürgerlichen kreativen Zentren der Hippiekultur der späten Sechziger an der amerikanischen Westküste, in New York oder dem „Swinging" London. Der Erfahrungshorizont Black Sabbaths unterschied sich davon fundamental. Ihre Gründungsstadt, die im Zweiten Weltkrieg stark zerstörte Industriemetropole Birmingham, stellte in der zweiten Hälfte der 1960er Jahre geradezu das Gegenbild sonniger kalifornischer Peace-and-Love-Träumereien dar. Jedes der vier Gründungsmitglieder, Tony Iommi, Ozzy Osbourne, Bill Ward und Geezer Butler, verließ die Schule bereits im Alter von 15 Jahren und verdingte sich in der Stahlindustrie. „Wir wollten über die dunkle Seite des Lebens singen, unsere Aggressionen ausleben. Die Songs, die uns vorschwebten, sollten hart und unkonventionell klingen", erinnert sich Tony Iommi.[11]

Die „Musik mit Grusel-Touch", mit deren realistischer Darstellung menschlicher Abgründe die Band sich vom Hippie-Eskapismus distanzieren wollte, offenbart sich gleich im bahnbrechenden Debütstück „Black Sabbath". Wenn Ozzy Osbourne panisch schreit „Oh, no, no, please, God, help me" und sich vom Teufel verfolgt wähnt, hat dies wenig von einer reflektierten Auseinandersetzung mit okkulten Traditionen, sondern viel von einer Actionszene in einem Horror-Thriller – und noch mehr von den naiven Höllenvorstellungen der katholischen Alltagsfrömmigkeit, denen die Bandmitglieder in ihrer Kindheit und Jugend ausgesetzt waren. Bassist Geezer Butler berichtet:

> Ich bin strikt irisch-katholisch erzogen worden. Ich war eine Art religiöser Fanatiker, als ich ein Kind war. Ich sammelte Kruzifixe und Andachtsbilder und Medaillen und alles Mögliche, und ich wollte Priester werden. Ich sang auch im Schulchor. Ich liebte Gott förmlich. Ich war fasziniert von diesen ganzen Dingen. Ich habe Bücher darüber gelesen und bin in jede Unterrichtsklasse gegangen, die sich mit religiösen Dingen beschäftigt hat. Und das hat sich entwickelt zu einer Art Bedürfnis, mehr

> über andere Religionen und andere Arten von Spiritualität, mehr über das Okkulte und alles andere erfahren zu wollen.[12]

Gerade der streng katholisch erzogene Bassist sollte für die Band zur Hauptquelle für satanische Textthemen werden. So basiert auch der Text von „Black Sabbath" auf einem Erlebnis, von dem Butler erzählt:

> Ich interessierte mich damals ein wenig für schwarze Magie, und mir passierten ständig schreckliche Dinge. Einige meiner Onkel und Tanten starben, blutbesudelte Gestalten suchten mich in meinen Träumen heim. Eines Nachts wachte ich auf, und am Fußende meines Bettes stand ein schwarzer Schemen. Ich war nicht auf Drogen, nicht besoffen und hatte Angst um mein Leben. Ich glaubte, dem Teufel persönlich begegnet zu sein, der mir mitteilen wollte: „Verpfände Deine Seele oder verpiss dich." Ich erzählte Ozzy davon, und er schrieb „Black Sabbath", um die Leute vor Satanismus zu warnen.[13]

Eine weitere dieser von Butlers katholischer Erziehung geprägten „Warnungen vor dem Bösen" findet sich im Song „Walpurgis". Die plakativ-schauerliche Beschreibung eines Hexensabbats fällt nicht nur durch ihr holpriges Versmaß auf, sondern auch durch die in allen blutigen Details geschilderten Grausamkeiten, die erneut an die unmittelbar-visuelle Schockwirkung eines Horrorfilms erinnern. Abermals erscheint der Teufel als apokalyptisches, feuerschleuderndes Monster, das einen Priester auf dem Scheiterhaufen verbrennt. Die Rolle des Erzählers als gepfählte, untote Leiche bleibt während des Songs unklar, bedient aber auch die Klischees der Schauerliteratur und des Horrorkinos in aller Konsequenz:

> Witches gather at black masses
> Bodies burning in red ashes
> On the hill the church in ruin
> Is the scene of evil doings
> It's a place for all bad sinners
> Watch them eating dead rats' innards
> I guess it's the same, where ever you may go
> Oh lord yeah!

3 „Please God, Help Me!": Teufelsfurcht

> Carry banners which denounce the lord
> See me rocking in my grave
> See them anoint my head with dead rat's blood
> See them stick the stake through me
> [...]
>
> On the scene a priest appears
> Sinners falling at his knees
> Satan sends out funeral pyre
> Casts the priest into the fire

Die teuflischen Selbsterzählungen Black Sabbaths beinhalten weitverbreitete Motivstereotypen wie „Hexensabbat", „Teufel als Verführer" oder „Teufel als feuriger Höllenfürst", die in ihrer klaren Gut-Böse-Trennung und Drastik klischeehaft wirken. Nichtsdestotrotz treffen sie – vor allem durch den revolutionären musikalischen Unterbau – die Hörerinnen und Hörer frontal. Sollte in diesem Zusammenhang überhaupt einmal der Begriff Satanismus fallen, dann ausschließlich in einer Form, die primär auf Schock- und Schauerwirkung im Sinne der „satanischen Romantik" respektive der Schauerliteratur des 19. Jahrhunderts ausgelegt ist.

Auch Geezer Butler kommentiert das Interesse in der Band am Okkulten retrospektiv lediglich als pubertäre Neugier, die sich fernab von tatsächlichen esoterischen Praktiken und Gruppen in Kinosälen und den Kinderzimmern der Bandmitglieder abspielte. Das Teuflische erscheint hier als experimenteller Patchwork-Okkultismus – nicht weit entfernt von Praktiken wie Gläserrücken oder Pendeln:

> Das war die Zeit, in der ich auf den ganzen Kram mit schwarzer Magie stand. Ich war von zu Hause ausgezogen und wollte, wie die meisten Teenager, immer ein krasses, grelles Zimmer haben. Also beschloss ich, mein Zimmer komplett schwarz zu streichen und überall umgedrehte Kreuze anzubringen – schwarze Magie war halt genau mein Ding. Ich glaube, die Decken waren orange. Es war wie ein Halloween-Museum. Außerdem hatte ich einige Poster, psychedelisches Zeug. Ich habe auch viel zu diesem Thema gelesen, außerdem viel Belletristik. Ich mochte Dinge wie *Der Hobbit* und *Herr der Ringe*, die in den späten 60ern sehr beliebt waren.[14]

Trotz des jugendlich-naiven Umgangs mit dem Teufel war das Aufsehen, das Black Sabbath mit der Veröffentlichung ihres Debütalbums erregten, außergewöhnlich. Die ratlose Musikpresse kapitulierte vor der Radikalität des Albums: Es handele sich um „schwarzmagische Musik für die kranken Massen",[15] ein Album, das nervöse Menschen sich besser nicht alleine anhören sollten. Rasch kursierten auch Gerüchte, welche die Band schnell zu einer der Ikonen der satanischen Rockmusik werden ließen. Großen Anteil an dieser Imagebildung hatte, wie erwähnt, Black Sabbaths Plattenfirma Vertigo Records. Obwohl sich nur zwei Songs auf der Debütplatte *Black Sabbath* mit diabolischen Themen beschäftigten, setzten die Produktmanager von Vertigo gezielt auf das Verkaufsargument „Teufel". Statt des ursprünglich vorgesehenen Bandfotos zeigte das Coverartwork am Ende eine bleiche, schwarzgekleidete Frau, die geisterhaft vor einer verlassenen Mühle stehend, den Betrachter anblickt und Assoziationen zu viktorianischen Schauerromanen weckt (▶ Abb. 3). Das gesamte Innere des Klappcovers wird dominiert von einem umgedrehten Kreuz, in dessen Längsbalken ein Gedicht von toten Kaninchen und schwarzen Schwänen den unterschwellig bedrohlichen Charakter des Artworks unterstreicht.

Trotz der fehlenden Unterstützung durch Radiosender und Musikpresse erwies sich die Marketingstrategie als goldrichtig, und Black Sabbath feierten mit ihrer Debütplatte weltweit große Charterfolge. Die Plattenfirma hatte mit wachem Blick für popkulturelle Trends um 1970 eine Wende im Zeitgeist identifiziert: Das „Age of Aquarius" endete, es begann dunkler zu werden. Hatte sich im Chaos von Woodstock bereits ein Abschied von der Hippie-Ära angedeutet, gelten vor allem die Vorkommnisse auf dem Altamont Festival 1969 als Ende von Flower-Power. Während des Festivals hatte sich die Stimmung zwischen Publikum und den als Security engagierte Hell's Angels zunehmend aufgeheizt. Die Aggressionen entluden sich in Übergriffen der Biker auf das Publikum und erreichten ihren Tiefpunkt während der Headlinershow der Rolling Stones, als

Abb. 3: Das Coverartwork zum Black Sabbath-Debütalbum stammt vom Vertigo Records-Hausdesigner Keith „Keef" Macmillan und weckt Erinnerungen an die Schauerliteratur und das englische Horrorkino der 1960er-Jahre.

der junge Afroamerikaner Meredith Hunter von einem Hell's Angel erstochen wurde. Was als Revival der Idee von Woodstock geplant war, versank in Gewalt und Chaos. Zu den Mythen in den Zeitzeugenberichten und der journalistischen Aufbereitung zum Desaster zählt die Erzählung, dass eine böse Energie in der Luft lag, die sich entlud, als die Stones in „Sympathy for the Devil" einstiegen. „Rock and Roll's worst day", resümierte das Rolling Stone-Magazin. Flower-Power, „Peace, Love and Understanding" waren beerdigt. Die

Hell's Angels und nicht zuletzt die zunehmend härtere und zynische Rockmusik der Zeit waren ihre Totengräber.

Die Altamont-Katastrophe geschah zu einem Zeitpunkt, als die USA noch unter dem Eindruck eines weiteren satanischen Traumas taumelten. Über mehrere Monate im Sommer 1969 war die amerikanische Öffentlichkeit im Bann einer Mordserie gestanden, für die der kalifornische Sektenführer Charles Manson und dessen teils minderjährige „Family" verantwortlich waren. Vor allem der grausame Mord an der bekannten Schauspielerin Sharon Tate sorgte für Erschütterung und Sorge vor einer satanischen Verschwörung. Manson, der sich selbst wahlweise als Jesus oder Teufel bezeichnete, schürte die Ängste in der amerikanischen Öffentlichkeit durch bizarre Auftritte vor Gericht zusätzlich, so dass eine hysterische „satanic panic" ausbrach. Getragen von den konservativen Kreisen der US-Gesellschaft, richtete sie sich von den späten 1960er Jahren bis weit in die 1990er gegen Heavy Metal, Musik und Videospiele, um vermeintliche satanistische Umtriebe und Jugendgefährdung zu bekämpfen. Das Ergebnis war oft ein unbeabsichtigter Werbeeffekt für derartig geschmähte Künstlerinnen und Künstler, die in den Augen der Fans nur noch attraktiver wurden.

Auch eine Reihe von Filmen mit okkulten und satanistischen Themen befeuerte um 1970 diese „moral panic" oder „satanic panic" und beeinflusste auch viele junge, neu entstehende Heavy Metal-Bands teils erheblich. Den wichtigsten Beitrag zur Popularisierung okkulter und satanistischer Themen leistete Roman Polanski. Sein Film *Rosemary's Baby* (1968) enthob das Thema Satanismus seinem oftmals historisierenden Kontext und bettete es in die alltägliche Lebenswelt einer modernen Großstadt ein. Gerade mit der paranoiden Andeutung einer satanistischen Verschwörung, die sich während des gesamten Filmes steigert, entfaltet *Rosemary's Baby* eine starke psychologische Wirkung auf das Publikum, die wesentlich zum großen Erfolg an den Kinokassen beitrug. Anton LaVey (▶ Kap. 4), Kopf der im Jahr 1966 gegründeten Church of Satan, beteiligte sich gleich auf mehrere Arten am Film. Zum einen fungierte er als Polanskis Berater für die rituellen Szenen im Film, zum anderen sorgte LaVeys Bild auf Werbeplakaten für den Film sowie zahlreiche Auftritte bei Premierenfeiern für Aufsehen. Rückblickend bezeichnete LaVey *Rosemary's Baby* als „beste je gezeigte Werbung für den Satanismus."[16]

Der Erfolg von *Rosemary's Baby* zeitigte eine ganze Reihe von Filmen mit okkulten und satanistischen Themen. Zu den größten Publikumsmagneten zählte *The Exorcist* (1973). Erzählt wird die Geschichte eines vom Teufel besessenen Mädchens, das im Lauf des Films verschiedene Exorzismen über sich ergehen lassen muss. Wie bei *Rosemary's Baby* spielt die Handlung auch hier im Alltag einer nordamerikanischen Großstadt inmitten einer gewöhnlichen Familie. Ein dritter Film, der einen starken Einfluss auf das Teufelsbild der Rockmusik – und die „satanic panic" der Zeit – ausübte, war *The Omen* (1976). Ebenfalls in der Gegenwart angesiedelt, greift der Film apokalyptische Themen auf und schildert die mörderischen Geschehnisse um den kleinen Jungen Damien, der sich als die Inkarnation des Antichristen entpuppt.

Den stärksten Einfluss auf Black Sabbath und den britischen Heavy Metal, wie er um 1979 entstand, übten aber die Hammer Film Studios mit Hauptsitz in Windsor bei London aus. Bereits seit den 1930er Jahren hatten sich die Studios in England mit einer Reihe durchschnittlich rezipierter B-Movies ein halbwegs finanzkräftiges Standbein geschaffen. Im Zuge der amerikanischen Monster- und Science-Fiction-Filmwelle der 1950er expandierten die Hammer Studios mit ähnlich gelagerten Produktionen – unter anderem *The Curse of Frankenstein* (1957) und *The Quatermass Xperiment* (1955) – auch auf den amerikanischen Markt. Der wichtigste der nach diesem Erfolgsrezept geschaffenen „satanischen Thriller" ist *The Devil Rides Out* (1968). Auf Grundlage der gleichnamigen Romanvorlage des englischen Bestsellerautors Dennis Wheatley aus dem Jahr 1934 entwirft der Film mit einer effektvollen Inszenierung und bewährten Schauspielern wie Christopher Lee ein schauerliches okkultes Panoptikum, das sich in seinen Bildern aus den verschiedensten historischen Töpfen – von altägyptischer Mythologie über frühneuzeitliche Alchemie bis hin zu Wicca- und Hexensabbat-Referenzen – bedient. Die Handlung erzählt die Geschichte des jungen Simon, der durch sein Interesse an Astrologie in die Fänge von Okkultisten gerät. Die Figur des Mocata, der Führer des Zirkels, ist direkt an den berühmten Satanisten Aleister Crowley angelehnt. Gerade im Sog der großen amerikanischen „Satanic Horror Movies" der späten 1960er Jahre gelangen den Hammer Studios einige außergewöhnliche Okkult-Thriller, die für zahlreiche Metalbands bis heute ein Fundus für schauerliche Teufelsbilder sind und so vielleicht die wichtigste Traditionslinie satanischer Ästhetik im Metal – unterhaltsamer Schauer mit satanistischen, theologischen und okkulten Motiven – begründeten.

In dieser von Horrorkino und jugendlicher Faszination für das Rätselhafte und Dunkle geprägten Lesart popularisierten um 1979 vor allem die Bands der New Wave of British Heavy Metal (NWOBHM) den Teufel im Mainstream der Metalkultur. Bei der NWOBHM handelt es sich um eine Generation von Bands, die den frühen Metal und Hard Rock von Black Sabbath, UFO, Deep Purple und Thin Lizzy mit der Energie und der Do-It-Yourself-Attitüde des Punk verbanden. Von England aus revolutionierten die teils sehr jungen britischen Bands, zu denen etwa Iron Maiden, Saxon, Def Leppard, Diamond Head und Tygers of Pan Tang zählten, den Heavy Metal weltweit und schufen die bis heute zentralen musikalischen und textlichen Formen des Genres und seiner Fankultur.

Eine Band der NWOBHM steht für die unterhaltsam-bedrohliche Erzählung des Diabolischen wie keine andere: Demon aus Trent schreiben sich auf ihren ersten beiden Alben *Night of the Demon* (1981) und *The Unexpected Guest* (1982) im Stile englischer Gothic

Novels in das satanische Narrativ des Widersachers ein. Schauerliche Schilderungen von Séancen stehen dabei neben heiteren Lovesongs. Die Musiker um Sänger Dave Hill verwenden dazu ein plakativ-atmosphärisches Vokabular aus heulenden Hunden, Blitz, Donner und Sturmwind. Dass auch hier die Hammer-Studios-Horrorstreifen Pate standen, belegt ein direktes Zitat des Filmtitels *The Devil Rides Out* im Text von „Night of the Demon" sowie der Songtitel selbst, der auf den gleichnamigen britischen Horrorstreifen aus dem Jahr 1957 verweist:

> There's a scream in the night, death on the wind
> And a heartbeat that's pounding like rain
> There's a flash in the sky, a cry of a hound
> As if someone is wailing the dead
>
> And the nightmare begins as the Devil rides out
> From the heat through the gates of Hell
> And there's no escape from the curse of the damned
> Oh, you better beware

Die wichtigste Band der NWOBHM aber sind die 1975 im Osten von London gegründeten Iron Maiden. Noch in den frühen 1980er Jahren schaffte die Band den Sprung an die Spitze der Heavy Metal-Szene und zählt seither zu den einfluss- und erfolgreichsten Bands weltweit. Der internationale und kommerzielle Durchbruch gelang Iron Maiden mit dem am 29. März 1982 veröffentlichten Album *The Number of the Beast*. Der gleichnamige Titeltrack greift in seinem Refrain die apokalyptische „Zahl des Tieres" 666 auf. Aus Ich-Perspektive erzählt, wird man im Laufe des Songs Zeuge einer nächtlichen schwarzen Messe. Die Darstellung bedient sich dabei üblicher Stereotype der okkulten Literatur der Neuzeit, etwa Menschenopfer oder blasphemische Gesänge. Der Teufel erscheint in einem mittelalterlich anmutenden Höllenkontext aus Feuer und Schwefel. Im Verlauf der Geschichte wandelt sich die Neugier und Furcht des zunächst heimlichen Beobachters in Faszination, bevor er dann selbst auf die Seite Satans wechselt. Zum Ende des Liedes wendet er sich schließlich, besessen von den beschworenen Mächten, den Zuhörenden selbst bedrohlich zu. Zurück bleibt die Frage, ob sich das Geschilderte tatsächlich zugetragen hat oder nur ein Alptraum war.

> Torches blazed and sacred chants were praised
> As they start to cry, hands held to the sky
> In the night, the fires are burning bright
> The ritual has begun, Satan's work is done
>
> 666, the number of the beast
> Sacrifice is going on tonight
>
> This can't go on, I must inform the law
> Can this still be real, or just some crazy dream?
> But I feel drawn towards the chanting hordes
> Seem to mesmerize, can't avoid their eyes
>
> I'm coming back, I will return
> And I'll possess your body and I'll make you burn
> I have the fire, I have the force
> I have the power to make my evil take its course

Dieser erzählerischen Tradition des Teuflischen in Auseinandersetzung mit dem Horrorfilm der Zeit und dem eigenen jugendlichen Interesse am Düsteren, Okkulten folgten unzählige Bands. Wenig überraschend finden sich die eindringlichsten Beispiele im Doom Metal. Beim Doom Metal handelt es sich um ein betont langsam gespieltes Subgenre, das sich in der ersten Hälfte der 1980er Jahre unter dem starken Einfluss von Black Sabbath etablierte. Der Einfluss der britischen Pioniere auf den Doom Metal zeigt sich dabei nicht nur musikalisch in den betont zähen Gitarrenriffs, sondern auch textlich und ästhetisch in einer Vorliebe für klassische Schauerliteratur, religiösen Wahn und plakative okkulte Symbolik. Wie bei Black Sabbath wird der Teufel auch hier meist als bedrohlicher Widersacher erzählt.

Schon früh greifen die Kalifornier Saint Vitus – der Bandname ein Verweis auf einen Song von Black Sabbath – den Ball auf. Auch in

3 „Please God, Help Me!": Teufelsfurcht

„Hallow's Victim" wird man wieder zum von Panik ergriffenen Zeugen einer schwarzen Messe – diesmal mit Kreuz und Knoblauch als einziger Verteidigung gegen die höllischen Mächte und Untoten, die in dieser „Nacht der Nächte", Halloween, beschworen werden:

> Panic in the air, awaken to the call
> Ghostly apparitions make your skin crawl
> Incense, tambourines, sorcerors arise
> All you see are pools of blood and fire in their eyes
> Grinning jack-o-lanterns lit by candle-light
> Cauldrons bubble over-filled on this night of nights
> Leather bat-wings slicing through the air
> Leaves your body white with shock, you're wide-eyed and scared
>
> Cross in your hand
> Time to make your stand
> Your bravery's fading somehow
> Garlic 'round your neck
> Paranoia's got you wrecked
> You jump at every little sound

Auch Funeral Circle aus Kanada entwerfen in „Sinister Sacrilege" das Schreckensszenario eines misslungenen Rituals, an dessen Ende sich der unvorsichtige Okkultist in seiner Panik an Gott wendet:

> He speaks blasphemy as he towers above me:
> „Your soul is mine and you'll never be free!"
> His stare drives the fear into my mind!
> Where are you God? Are you blind?
>
> Satan is here
> Incarnate of fear!

Gerade das Szenario des unvorsichtigen, jungen Menschen, der sich neugierig oder machthungrig an die dunklen Mächte wendet, die Kontrolle über sie verliert und sich zuletzt in seinem Verderben an Gott wendet, wie es Black Sabbath auf ihrem Debütalbum vorformuliert hatten, scheint einen großen Reiz auszustrahlen. Reverend Bizarre aus Finnland bringen diese Faszination vor der Macht des Bösen in „Slave of Satan" plakativ zum Ausdruck:

> You are playing with evil things,
> Pretend to be a magician
> But you know nothing about it
> You are just a sorry fool [...]
>
> One day you will understand
> But I'm afraid that it's too late
> 'Cause he has got your soul
> And there's no way to get it back

Auch das Horrorkino der Hammer Studios verarbeiten Reverend Bizarre direkt. „The Devil Rides Out" schildert die im gleichnamigen Film inszenierte orgiastische Teufelsbeschwörung als unheimliche nächtliche Messe:

> In the midst of the woods, strange figures walk in lines
> They are wearing hoods and robes and pendants with mystical signs
>
> On the road to the Sabbath of unholy passion
> To raise the demons in the old fashion

Egal ob als neutestamentlich inszenierter apokalyptischer Antichrist oder als Götze einer nächtlichen schwarzen Messe im Stile der Schwarzen Romantik: Immer erscheint Satan in diesen Erzählungen als dem Menschen feindlich gesonnene Macht. Er ist auf die Zerstörung der Menschheit aus, er verführt und verdirbt die Seelen – sowohl einzelner unvorsichtiger Zauberlehrlinge als auch der gesamten Schar von Sündern am Weltende. Die Erzähler stehen in der Regel nicht auf der Seite des Teufels, verfügen aber über okkultes Wissen oder zumindest eine gewisse Faszination dafür – was dem jugendlichen Interesse der Musikerpersönlichkeiten an Tod, Teufel und Jenseits, wie es etwa Geezer Butler schilderte, unmittelbar entspricht. Der Teufel wird als Bedrohung wahrgenommen, die es zu fürchten oder zu bekämpfen gilt. Durch den finstern Sound und die sinistre Ästhetik der Artworks und Bandfotos mit ihren zahllosen okkulten Verweisen bleibt beim Publikum allerdings eine gewisse Verunsicherung zurück. Der namensgebende „bizarre Geistliche" von Reverend Bizarre erscheint etwa als Figur, der man aber besser nicht über den Weg traut, da hinter der Fassade des Guten womöglich Abgründe religiösen Wahns und der Perversion lauern.

Diese Unsicherheit, ob die Bands nicht doch auch selbst in okkulte Systeme involviert sind, hatte schon Vertigo Records bei Black Sabbath in eine erfolgreiche Werbekampagne umgemünzt. Und auch im modernen Doom Metal – und für viele Bands anderer Subgenres – bietet das ambivalente Spiel mit dem Satanischen neben unterhaltsamen Texten bis heute auch reichlich Raum für die Imagearbeit. Mit ihren Erzählungen vom bedrohlichen Bösen, ihrem Flirt mit dem Unheimlichen und Verbotenen schreiben sich die Musiker so in das große Narrativ des Widersachers ein – in der Hoffnung, dass etwas von ihm auch auf sie abfärbt und ihren Songs zusätzliche Überzeugungskraft verleiht.

Eine neue Bruchlinie in diesen teuflischen Performances, mit denen sich die Bands als möglichst authentisch präsentieren wollen, zeichnet sich erstmals bei den NWOBHM-Bands der frühen 1980er ab. Deren Teufelsgeschichten zielen zwar auch auf den wohligen Schauer, Grusel und actionreiche Unterhaltung – doch erscheint das Teuflische hier weniger bedrohlich. Das liegt an einem weniger konsequenten Gesamtpaket. Die Musik ist schon leichtfüßiger und weniger unheilschwanger als die finsteren Moll-Kaskaden Black Sabbaths. Und auch das Image von Bands wie Iron Maiden, Demon und anderen ist weitaus weniger okkulten oder religiösen Themen verhaftet. Songs über schwarze Messen stehen neben heiteren Lovesongs oder sozialkritischen Stücken. Das Diabolische ist hier nur eine künstlerische Ausdrucksform von vielen, die den höheren Zielen der Bands – zu unterhalten und Energie zu vermitteln – untergeordnet ist. Satan wird zu einer Figur in einem Horrorspektakel, die ihre Bedrohlichkeit wie eine Maske ablegt, sobald der Vorhang fällt. Das Artwork zu Iron Maidens *Number of the Beast* bringt das auf den Punkt (▶ Abb. 4): In der roten dreizackbewehrten Gestalt im Stil früher Werbegrafiken erscheint der Teufel zunächst als unmittelbare Gefahr. In einer brennenden Welt steuert er den machtlos wirkenden Menschen wie eine Marionette. Dabei merkt er nicht, dass er selbst nur Marionette für Iron Maiden ist – personifiziert durch das nicht minder furchteinflößende Bandmaskottchen, den skeletthaften „Eddie".

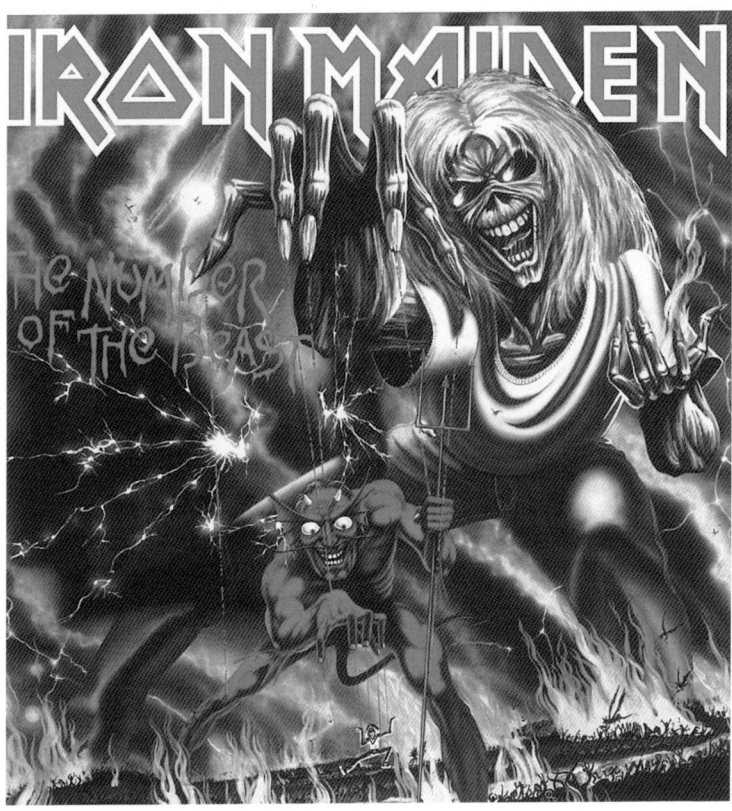

Abb. 4:   Wer zieht hier eigentlich die Fäden? Der Teufel als Marionette des Maiden-Bandmaskottchens „Eddie" auf dem Cover von *The Number of the Beast*.

4
„Lucifer Rising":
Spiritualität und Ästhetik

> Come, come, come to the Sabbat!
> Come to the Sabbat – Satan's there!
>
> Black Widow, „Come to the Sabbat", 1970

Würzburg im November 2022. Eine nebelverhangene Konzerthalle. Kerzen, Totenschädel und okkulte Symbole. Eine Reihe von Gestalten in schwarzen Roben trägt einen Sarg auf die Bühne. Als sich der Deckel langsam zur sich steigernden Musik öffnet, tritt eine hochgewachsene Frau hervor. Ihre dunkel umrandeten Augen nehmen das Publikum ins Visier, sie erhebt die Hand zum Gruß, den Zeigefinger und kleinen Finger zum „Teufelszeichen" abgestreckt. Die Musiker in schwarzen Roben tragen nun Gitarren und steigen in einen hypnotischen, düsteren Song mit dem pessimistischen Titel „Out of Luck" ein. Die Atmosphäre erinnert an ein Ritual – eine schwarze Messe vielleicht? Denn es folgt ein Lied namens „Black Sabbath". Die platinblonde Sängerin erzählt:

> Infants' flesh they did offer
> For the prince to devour.
> Covens join, all combine,
> Powers strong, thoughts align.

Während die Band den treibend rockenden Song spielt, verändert sich die Stimmung. Der Zauber des atmosphärischen Bühnenauftritts ist gebrochen und die Show ähnelt nun einem „normalen" Rockkonzert. Auch das Publikum taucht nun in die Musik ein, die blutrünstigen Texte über Säuglingsopfer und schwarze Magie geraten zum Beiwerk, das hinter die Performance zurücktritt.

Die Band, die 2022 von der Bühne des Würzburger *Hammer of Doom*-Festivals aus ihr Publikum verhexte, ist für die Geschichte des Teuflischen im Heavy Metal von hoher Bedeutung. Es handelt sich um die bereits in den 1960er Jahren gegründete kalifornische Band Coven um Sängerin Jinx Dawson. Sie stehen für eine zweite Entwicklungslinie, die hin zum modernen Heavy Metal und seinen Teufelsbildern führt. Anders als Black Sabbath, die mit ihrem verzerrten, dröhnend lauten Gitarrensound auf die ungekünstelte Rohheit des Blues und die Heaviness britischer Hardrocker wie The Cream setzen, stehen Coven in der wesentlich filigraneren und intellektuelleren Tradition von Folkrock und Psychedelic Rock. Während Black Sabbath und stilverwandte Pioniere wie Grand Funk Railroad, Led Zeppelin und Blue Cheer eher die DNA der jungen, weißen Arbeiterklasse in den Industrieregionen Englands und der USA in sich trugen, bewegten sich Coven im Dunstkreis künstlerischer Avantgarden der amerikanischen Westcoast und jener Flower-Power-Generation, gegen die sich Sabbath mit ihrem brutalen Sound unmittelbar wendeten.

Während Sabbath den Teufel auf eine Figur aus einem Horrorfilm reduzierten, hüllten ihn Coven mit ihrem völlig anderen Erfahrungshintergrund in neue, spektakuläre Gewänder. Coven stehen für eine Art „Wiederverzauberung" des Teufels, für eine durchdachtere Auseinandersetzung mit satanistischen und okkulten Ideen in der Geschichte der Rockmusik. Coven erzählten nicht mehr allein von schwarzen Messen, sondern veranstalteten sie selbst. Für den Heavy Metal erwies sich diese Gleichsetzung von Erzähler- und Künstlerpersönlichkeit als bahnbrechend. Gerade seit den 2000er Jahren docken erneut Dutzende neuerer Bands an das Vorbild Coven an, darunter etwa The Devil's Blood, Blood Ceremony oder Ancient VVisdom.

Während sich die Musik auf dem 1969 erschienenen Album *Witchcraft Destroys Minds and Reaps Souls* als relativ unspektakulärer Folk-Rock präsentierte, wie ihn etwa auch Jefferson Airplane, Fairport Convention oder Joni Mitchell spielten, sorgten die Texte, die sich ausschließlich mit okkulten Themen befassten, für Aufsehen. Besonders die Vertonung einer kompletten satanischen Messe auf der B-Seite der Platte erregte Aufmerksamkeit. So avancierten Coven nicht nur schnell zu einem Underground-Geheimtipp, sondern bekamen Kontakt zu Anton LaVey, dem Begründer des modernen Satanismus und Oberhaupt der 1966 von ihm in Kalifornien gegründeten Church of Satan. Der Kontakt brachte der Band den Headlinerstatus beim *Black Arts Festival* ein: Das von LaVey organisierte und als „Woodstock der Satanisten" vermarktete Festival sollte an Halloween 1969 in Detroit stattfinden, wurde aufgrund öffentlicher Proteste jedoch abgesagt. Das lag wohl auch am Ruf, der den spektakulären Liveshows von Coven vorausgeeilt war. Feste Requisiten einer Coven-Show bildeten unter anderem ein Altar und ein Kreuz, an dem ein als Christus verkleideter Roadie der Band hing. Das große Finale bestand in einer „Taufe" im Ritus einer schwarzen Messe:

> Zu diesem Zeitpunkt der schwarzen Messe vollführte Jinx die Taufe, rezitierte die lateinischen Teile und sagte: „‚Tu, was du willst [Do what thou wilt]' möge dein einziges Gesetz sein", was von Crowley stammt. Nach dem Crowley-Teil grüßte sie Satan und drehte sich um und schrie „Heil Satan!" in Richtung des Kreuzes und des Altars. An dieser Stelle zog der Typ (Christus) seine Arme vom Kreuz, stieg herunter, verkehrte das Kreuz zum satanischen Symbol und verließ tanzend die Bühne, während die Musik noch weiterspielte.[17]

Witchcraft Destroys Minds and Reaps Souls wurde von der Plattenfirma Mercury als „Hölle von einem Album" vermarktet und spielt bis ins letzte Detail mit originär okkulter Ästhetik. Es vermittelt so den Eindruck einer Band, für die Satanismus, Hexerei und schwarze Messen nicht nur Stoff für eine spannende Geschichte darstellen, sondern einen tatsächlichen Teil des Lebens. Den – wahrscheinlich von Mercury lancierten – Gerüchten zufolge hatten die Musiker ihren Plattenvertrag in Anlehnung an den klassischen Teufelspakt mit Blut unterzeichnet. Das Frontcover zeigt die drei Musiker im Brustportrait vor schwarzem Hintergrund um einen menschlichen Totenschädel gruppiert, umgedrehte Kreuze über schwarzer bezie-

Abb. 5: Schwarze Messe oder satanische Show? Okkultes Brimborium im Innencover des Debütalbums von Coven.

hungsweise roter Kleidung tragend. Bandlogo und Plattentitel am oberen Rand des Covers sind von Flammen umgeben. Das rückwärtige Cover erweitert die Szenerie. Es zeigt die Band hinter einem zeremoniell geschmückten Altar mit umgedrehtem Kreuz, einem „Messbuch" und Ritualgegenständen wie Totenschädeln, Kelchen und schwarzen Kerzen. Das Innencover entwickelt die Szenerie weiter (▶ Abb. 5). Die Zeremonie, die durch den Altar und die Accessoires auf dem Backcover bereits angedeutet wurde, ist nun in vollem Gange. Die schwarzen Kerzen sind entzündet und auf dem Altar liegt eine junge nackte Frau – entgegen verbreiteter Meinung allerdings nicht Jinx Dawson selbst. Darum sind Männer in schwarzen Roben versammelt, darunter auch die Band, die das Publikum mit dem „Teufelszeichen" grüßen.

Die okkulte Ästhetik zieht sich bis in die Credits der Platte, wo die beteiligten Künstler nicht nach ihrer musikalischen Funktion (Produzent, Gitarrist, Bassist etc.) aufgeführt werden, sondern nach zeremoniellen Graden okkulter Systeme wie „Ipsissimus", „Magus" oder „Magister Templi". Die Plattenhülle, auf der die Texte abgedruckt sind, ist außerdem mit zahlreichen klassischen okkulten Symbolen versehen: Éliphas Lévis Darstellung des „Bock von Mendes", spätmittelalterlichen und frühneuzeitlichen Teufelsdarstellungen und magischen Sigillen aus dem *Clavicula Salomonis*, einem anonymen, König Salomon zugeschriebenen Buch mit magischen Formeln, das im 17. Jahrhundert aus früheren Quellen des 14. und 15. Jahrhunderts zusammengestellt wurde. Über zahlreiche Neuauflagen, unter anderem eine Übersetzung durch den Gründer der okkulten Sekte Golden Dawn, Samuel Liddell Mathers, im Jahre 1904, wurde das Buch zu einem der bekanntesten historischen Beschwörungstexte. Moderne Nachdrucke solcher Werke wurden von den Okkultverlagen der späten 1960er Jahre in massenhafter Zahl bereitgestellt.

Der Zugang der Band zum Diabolischen ist dabei unterschiedlich. Am häufigsten werden unerklärliche und dämonische Vorgänge beschrieben, die in Themenwahl und Darstellung Ähnlichkeiten zum Schauerroman des späten 19. und frühen 20. Jahrhunderts aufweisen. „Coven in Charing Cross" etwa erzählt die Geschichte eines teuflischen Kultes, der sich an einem Hexenjäger und dessen Familie rächt. Traditionellen Berichten von schwarzen Messen folgend, beschreibt die Band darin eine Dämonenbeschwörung:

> Thirteen cultists held a secret meeting
> Bringing powers of the darkness upon those who opposed them
> The chief of the circle, known as Malchius
> Drank the blood of a young baby offered unto him
>
> They danced ecstatically, they orgied frantically
> The demon had arisen from the circle on the floor

Ähnlich „Pact with Lucifer", das in Manier einer Teufelssage die Geschichte eines Bauern erzählt, der sich in einer Notzeit mit dem Teufel einlässt und am Ende mit dem Leben seines Sohnes dafür bezahlen muss.

Die Leitthemen Teufelspakt und Dämonenbeschwörung werden zudem von einer interessanten kontrastiven Spange zusammengehalten. Das einleitende Lied „Black Sabbath" bildet dafür den Ausgangspunkt, indem es mit einer archaischen Beschreibung einer Fahrt zum Blocksberg die Grundrichtung des Albums vorgibt:

> They journeyed far to Brocken Mountain pinnacle
> A gathering of dread, an awesome spectacle
> Each in his hand, a candle of black
> Their faces grave, a deathlike mask
>
> The prince assumed the person of the goat
> Reigning upon his throne distant and far remote

Diesen an historisch-literarische Darstellungen angelehnten Beschreibungen steht die Aufnahme einer modernen satanischen Messe nach LaVeys Vorbild gegenüber. Über den gesamten Verlauf der Platte wird somit das Bild einer satanistischen Traditionslinie geschaffen, die ungebrochen von der Teufelsanbetung am Blocksberg bis in die Gegenwart reicht und als dunkles kulturelles Erbe heute lebendiger ist als je zuvor. Während Coven auf der A-Seite lediglich als Erzähler und „Wissende" auftreten, wirken sie in der im Heute angesiedelten satanischen Messe selbst als Protagonisten und „Bewahrer" dieses alternativen kulturellen Erbes mit. Die Trennung von Erzähler- und Privatpersönlichkeit, die etwa bei Black Sabbath noch deutlich ausgeprägt ist, heben Coven so auf. Die Band wechselt die Seiten. Sie stellt sich selbst auf die Seite des Widersachers und den in ihren Texten als „böse" charakterisierten Kräften. Diese Häresie, zusammen mit der aus diffusen Quellen kompilierten okkulten Symbolik, stellt eine zentrale Erzählung des Teuflischen im Heavy Metal der folgenden Jahrzehnte dar.

Coven waren vielleicht die konsequenteste, aber bei weitem nicht die einzige Band, die Ende der Sechzigerjahre mit dem Widersacher flirtete. Ein Interesse für spirituelle Systeme jenseits christlicher Autoritäten lag förmlich in der Luft. Der Wandel deutete sich an vielen Orten an, vor allem aber in der Rockmusik der Zeit. So findet sich auf dem Cover der 1967 erschienenen bahnbrechenden Platte *Sergeant Pepper's Lonely Hearts Club Band* der Beatles in einer Collage von Porträts bekannter und von der Band bewunderter Persönlichkeiten neben Ernest Hemingway oder Winston Churchill auch das Foto von Aleister Crowley, einem der wichtigsten Wegbereiter des modernen Satanismus.

Sergeant Pepper's Lonely Hearts Club Band erschien im Jahre 1967 auf dem Höhepunkt eines umfassenden gesellschaftlichen Umbruchs, der seinen Ursprung im Wesentlichen in den kreativen und jugendlichen Milieus – Künstlerinnen, Schauspieler, Musikerinnen, Regisseure, Modedesignerinnen, Studenten – der amerikanischen Westküste und des „Swinging" London hatte. Unter dem Einfluss der Beat-Generation der späten 1950er Jahre mit Vordenkern wie den Dichtern William Burroughs oder Allan Ginsberg und anderen gesellschaftskritischen Vertretern eines progressiven Amerika hatten sich hier Zentren alternativer Lebensstile formiert, die im Wesentlichen von gebildeten jungen Menschen aus einkommensstarken Elternhäusern getragen wurden. Staatlichen Institutionen und bürgerlichen Normen, dem Narrativ des *American way of life*, stand man skeptisch gegenüber. Das Bedürfnis der Elterngeneration nach Sicherheit, Konformität und materiellem Wohlstand wich einer Suche nach Selbstverwirklichung und alternativen Lebensweisen jenseits gesellschaftlicher Hierarchien und Zwänge. Angelehnt an den Beatnik-Slang-Begriff *hip* („eingeweiht sein"), avancierten die Hippies zur dominanten Jugendkultur der zweiten Hälfte der 1960er Jahre – sowohl in den USA wie auch in Deutschland, England oder Frankreich. Auf der Grundlage quantitativer Untersuchungen der Hippie-Szene in New York ermittelte der Soziologe Walter Hollstein, dass lediglich ein Prozent der Hippies aus der „Unterschicht" stammte. Mit 87 Prozent stellten Jugendliche aus den „Mittelschichten" die Hauptgruppe dar, während die „Oberschicht" mit auffällig starken 12 Prozent vertreten war. Ferner hatte die überwiegende Zahl der Hippies in New Yorks East Village ein Elternhaus mit einem Jahreseinkommen von über 100.000 Dollar verlassen.[18] Eine ähnliche Schlussfolgerung zieht der englische Soziologe Mike Brake aus seiner empirischen Untersuchung der britischen Hippie-Szene.[19]

Der deutsche Soziologie Andreas Reckwitz sieht in diesen Jahren einen elementaren Wandel gesellschaftlicher Logiken greifen.[20] Die „Logik des Allgemeinen", wie sie in den Ländern des globalen Nordens noch die nivellierten Mittelstandsgesellschaften der Nachkriegszeit prägte, trat in den Hintergrund – vor allem in der jüngeren Generation und hier vor allem in der gehobenen Mittelklasse, aus der sich die Hippiekultur und viele Psychedelic- und Folkrock-Bands rekrutierten. Eine „Logik des Singulären" begann hier das tägliche Leben zu prägen. Statt für materiellen Wohlstand und Sicherheit nach Zugehörigkeit, Gemeinschaft, Konformismus und Unterordnung zu streben, rückt nun, da viele materielle Bedürfnisse gedeckt sind, der Einzelne in seiner Selbstwirksamkeit in den Vordergrund. Originalität, Einzigartigkeit und Selbsterfahrung werden zu den Leitbegriffen dieser neuen großen Erzählung.

In der ganzjährigen Wärme des amerikanischen Südwestens etwa versuchten Hippies aus den gesamten Vereinigten Staaten, neue, alternative Gemeinschaftsformen auszuleben. Nach Schätzungen des *Time Magazine* gab es im Sommer 1967 in den USA etwa 750.000 Jugendliche, die aus diesen Gründen Elternhaus, Schule oder Beruf verlassen hatten, darunter etwa 200.000 Jugendliche, die nur für kurze Zeit, insbesondere die Dauer der Schulferien, der Bewegung angehörten. Den Schlüssel zur Veränderung der Verhältnisse sahen viele in der Veränderung des eigenen Selbst: „Die erste, wenngleich nicht die letzte Revolution findet in Deinem Kopf statt."[21]

Der Treibstoff für die Selbstverwirklichung der alternativen Kulturen der Hippie-Ära war in vielen Fällen spirituell. Die Suche nach Sinn und Selbst verlief nicht nur bei den Beatles – die sich nach Indien zum Maharishi Yogi begaben – über eine Auseinandersetzung mit religiösen Formen. Im Zuge dieser Wiederverzauberung der Welt fasste auch der Teufel Fuß in der Kunst der späten Sechzigerjahre und begann, ein beträchtliches Interesse auf sich zu ziehen – vor allem in der härteren Rockmusik. So erlebte der britische Okkultist Aleister Crowley, dessen Maximen „love is the law", „every man and every woman is a star" und „do what thou wilt" bei vielen „Blumenkindern" auf offenen Ohren stießen, eine richtiggehende Renaissance. Es galt innerhalb der psychedelischen Szene bald als chic, sich auch mit satanistischen und okkulten Themen zu beschäftigen und sich mit entsprechenden Attributen und Objekten zu umgeben – sei es ein Amulett um den Hals oder die Abbildung eines berühmten Okkultisten auf einem Plattencover wie bei den Beatles. Es begann sich eine okkulte Avantgarde zu formieren, aus Künstlern, Musikerinnen, Filmstars, Esoterikerinnen und kreativen Freigeistern jeglicher Couleur, die der satanischen Rockmusik in der zweiten Hälfte der 1960er Jahre wichtige Impulse verpasste.

Eine Reihe „okkulter VIPs" übte dabei einen erheblichen Einfluss aus. Unter der Anleitung Crowleys waren bereits um 1915 die ersten Logen seines Ordo Templi Orientis an der amerikanischen Westküste gegründet worden. Die Leitung der Agape-Loge in Pasadena, die zugleich als Ordenszentrale für den amerikanischen Kontinent diente, übertrug Crowley an John Parsons, einen Chemiker aus Los Angeles, der aufgrund seiner Leistung auf dem Gebiet der Treibstofftechnik später als früher Pionier der Raketenforschung Beachtung finden sollte. Parsons, der großen Wert auf die sexualmagischen Komponenten im System Crowleys legte, agierte lange Zeit als die prägende Kraft innerhalb der Logen Kaliforniens und wurde bald zum Anziehungspunkt für Okkultisten und Kreative.

Nach Parsons' frühem Unfalltod im Jahre 1952 betrat mit dem kalifornischen Underground-Regisseur, Schriftsteller, Künstler und Crowley-Bewunderer Kenneth Anger eine für die Entwicklung der okkulten Rockmusik zentrale Figur die Bühne. In Auseinandersetzung mit Crowley und Parsons entwickelte er ein eigenes System, in dessen Mittelpunkt die Gestalt Luzifer als emanzipatorischer Befreier des Menschen und Inspiration aller Künstler und Kreativen rückte:

> Luzifer ist der Gott des Lichtes. *Lucem fero* – ich bringe das Licht. Darum ist in meinem Verständnis, genauso wie auch in Crowleys *Hymn to Pan*, Luzifer die Muse des Künstlers. Er verleiht uns Farbe, Licht, Form und all diese Dinge als Gott der unteren Welt. Für mich ist Luzifer von großer Bedeutung.[22]

Mit diesem neuen Storytelling des Teufels als kreativer Muse war Anger rasch in der Avantgarde der kalifornischen Westküste und internationalen Filmszene vernetzt. Schon um 1960 hatte er mit den Arbeiten an seinem vielleicht wichtigsten Werk, *Lucifer Rising*, begonnen – ein Film, der in hypnotischen Bildern lebensweltliche

Aspekte der kalifornischen Underground-Kultur mit magischen Ritualen und okkulter Symbolik vereinte und vor allem in der psychedelischen Rockmusik der Zeit Aufsehen erregte.

Als wichtiger Katalysator für die Popularisierung von Angers luziferischem Satanismus in der Rockmusik erwies sich auch seine Begegnung mit der zweiten großen Gestalt des „okkulten Kalifornien" der 1960er Jahre, dem Gründer der Church of Satan, Anton Szandor LaVey. Durch seinen Ruf als „Geisterjäger" hatte der ehemalige Nachtclubmusiker LaVey schon zu Beginn der 1960er Jahre eine gewisse lokale Berühmtheit erlangt. Auf Partys in seinem viktorianischen Anwesen trafen sich Hollywood-Prominenz und die kalifornische Avantgarde- und Künstlerszene, darunter auch Kenneth Anger, dessen Interpretation des Teufels als Befreier maßgeblichen Einfluss auf LaVey ausübte. In dieser illustren Runde, die LaVey einen „Magischen Zirkel" nannte, fand er Gleichgesinnte auf der Suche nach dem Bizarren und dem Okkulten. Aus regelmäßigen Lesungen und einem regen Gedankenaustausch entwickelte LaVey eine neue Philosophie, die auf dem Leitgedanken eines radikalen Individualismus basierte. Religionen, die ihre Gläubigen auf eine Erlösung im Jenseits vertrösten, lehnte er als Unterdrückungsinstrumente ab und prangerte deren Heuchelei an. Die Figur des Teufels fungiert für LaVey als Gegenspieler der auf Jenseitigkeit gerichteten Religionen. Luzifer symbolisiert für ihn – ebenso wie bei Kenneth Anger – Befreiung. Seine für die Rockmusik im Folgenden bahnbrechenden Ideen eines kirchenkritischen, individualistischen Befreiungssatanismus fasste er in einfachen Worten in seiner *Satanischen Bibel* zusammen.[23]

Die Zugänglichkeit des Satanismus LaVeys sorgte in Verbindung mit seinem Talent zum flamboyanten Auftritt schnell für großes Aufsehen und brachte der Church of Satan nach ihrer spektakulären Gründung in der Walpurgisnacht des Jahres 1966 eine enorme Medienpräsenz ein. Nach den ersten lokalen Presseberichten über von LaVey nach satanischem Ritus zelebrierten Hochzeiten folgten bald

4 „Lucifer Rising": Spiritualität und Ästhetik

Abb. 6: Die Hölle ist eine Heimorgel. Anton LaVeys kurioses Album *The Satanic Mass*.

überregionale Reportagen. Durch Berichte in den größten Zeitschriften wie *Look*, *Newsweek*, *Time* oder *Rolling Stone* und Talkshowauftritte erlangte LaVey schließlich landesweite Bekanntheit. Als zusätzliche Maßnahme zur Verbreitung seiner Ideen veröffentlichte LaVey im Jahre 1968 die Platte *The Satanic Mass*. Auf dem Albumcover prangte das inzwischen weithin bekannte Logo der Church of Satan, das „Siegel von Baphomet", bestehend aus einem Ziegenkopf in einem Pentagramm, umgeben von den hebräischen Buchstaben für „Leviathan" (▶ Abb. 6). In der Folgezeit sollte es zum wichtigsten Symbol innerhalb des diabolischen Kanons des Heavy Metal von Bathory über Pentagram bis zu Impaled Nazarene werden.

Unterdessen pflegte LaVey weiterhin die regelmäßigen Treffen, Vortragsabende und Messen in seinem Anwesen in San Francisco, das inzwischen zum Hauptsitz und Tempel der Church of Satan ernannt worden war. Der Medienhype um LaVey und Kenneth Angers hohe Reputation als Underground-Filmikone trugen dazu bei, dass sich der anfängliche Kreis nicht nur um populäre Filmstars der Zeit erweiterte – darunter Sammy Davis Jr. oder Jayne Mansfield, die sich teils per Visitenkarten als Satanisten vorstellten –, sondern auch um eine Reihe einflussreicher Rockstars.

Für den entstehenden Heavy Metal ist hier vor allem Jimmy Page, Gitarrist von Led Zeppelin, zu nennen. Page arbeitete mit Kenneth Anger im Rahmen seines Films *Lucifer Rising* zusammen und teilte dessen Faszination für Aleister Crowley:

> Ich denke, Crowley ist heute absolut relevant. Wenn man sich mit dem Übernatürlichen beschäftigt, wie ich das tue, kann man das Böse nicht ignorieren. Ich habe viele Bücher zu diesem Thema, und ich habe auch an einer Reihe von Séancen teilgenommen. Ich möchte das Studium fortsetzen.[24]

Dank des Erfolgs von Led Zeppelin konnte Page das alte Anwesen Aleister Crowleys, das Boleskine House am Loch Ness, erwerben und sich dort niederlassen. In London eröffnete er zudem den okkulten Buchladen „The Equinox Booksellers and Publishers". Die Crowley-Sammlung Pages, zu dessen persönlichen Beratern noch weitere Okkultisten wie Charles Pace zählten, galt lange als bedeutendste der Welt.

Pages Interesse für Crowley äußerte sich in der Musik nicht in plakativen Teufelsanrufungen und drastisch inszeniertem Satanismus, sondern in einer subtileren Weise, etwa in Form eingeflochtener

Textzitate oder versteckter Symbolik. Verschiedene Matritzenritzungen von Led-Zeppelin-LPs zeigen außerdem Crowleys Credo „Do what thou wilt". Pages okkultes Netzwerk aus Esoterikern, Kreativen und Künstlerinnen ist charakteristisch für die Rockmusik der Zeit. Es handelt sich um ein eher vages, aus verschiedenen Quellen gespeistes Interesse an den unerklärlichen Seiten des Lebens, gepaart mit einer Faszination für Magie und esoterische Orden, das wohl auch – die Texte Led Zepplins sind stark von J.R.R. Tolkiens Fantasy-Klassiker *Der Herr der Ringe* beeinflusst – von eskapistischen Bedürfnissen getragen wurde.

In den Dunstkreis von Kenneth Angers luziferischem Satanismus gerieten auch die Rolling Stones. Hinter der rüden Fassade, die vom Manager um die Band errichtet wurde, verbargen sich junge Intellektuelle. Mick Jagger etwa war Kunststudent, der engen Kontakt zur kreativen Avantgarde der Zeit pflegte. Nach den ersten großen Erfolgen der Band interessierten sich die Hauptsongwriter der Stones, Jagger und Gitarrist Keith Richards, zunehmend für abseitigere Themen. Zu ihrer Lektüre zählten unter anderem das *Inferno* aus Dantes *Göttlicher Komödie*, die Romane des Marquis de Sade und die Werke von Éliphas Lévi, einem der Begründer des modernen Okkultismus.

Als maßgeblich verantwortlich für das Interesse der Stones an okkulten Themen erwies sich aber Kenneth Anger. Für die Stones stellte Angers Bekanntschaft eine willkommene Abkürzung zum satanischen Chic dar, der in Teilen der kreativen Milieus nun zum guten Ton gehörte. Anger hingegen sah in den Rolling Stones populäre Werbeträger für seine Ideen und Filme. Diese für beide Seiten willkommene Bekanntschaft fand ihren Niederschlag nicht nur in zahlreich gestreuten Anekdoten von unerklärlichen Geschehnissen, die zusätzlich zur mysteriösen Aura des berüchtigten Filmemachers und seiner satanischen Adepten, den Stones, beitrugen, sondern auch in verschiedenen Kollaborationen. So komponierte Mick Jagger den merkwürdig disharmonischen Synthesizer-Soundtrack zu Angers Film *Invocation of my Demon Brother*, einer auf Zelluloid gebannten schwarzen Messe, angereichert mit Bildmaterial aus dem Vietnamkrieg, zu Hell's-Angels-Bikergangs, faschistischer Symbolik und einem Gastauftritt von Obersatanist Anton LaVey.

Ein weiteres Beispiel für die kreative Verbindung von Okkultismus und Rock Ende der Sechzigerjahre ist David Bowie. In „Quicksand" von 1971 singt er, unter ähnlichen Einflüssen wie Jimmy Page stehend: „I'm closer to the Golden Dawn / Immersed in Crowley's uniform of imagery". Später berichtet er in Interviews: „Mein übergeordnetes Interesse galt der Kabbala und dem Crowleyismus. Dieser ganzen dunklen und ziemlich furchteinflößenden Unterwelt der falschen Seite des Gehirns".[25] Auch bei einer ganzen Reihe von Progressive Rock- und Protometal-Bands der 1970er zeichnen sich ähnliche Adaptionsweisen ab. Zu nennen sind etwa Lucifer, Roky Erickson and The 13th Floor Elevators, Aphrodite's Child, Jacula oder Antonius Rex.

Parallel zum satanischen Chic der US-Westküste entstanden auch in England neue Allianzen zwischen der Rockmusik und dem Teufel. Die Entwicklung verlief ganz ähnlich: Aufbauend auf einer bereits bestehenden okkultistischen Infrastruktur, begründeten einzelne Akteure neue Traditionen. Die Medien und verschiedene kreative und intellektuelle Szenen trugen zur Verbreitung der Ideen bei, wodurch ein breiteres Publikum – darunter auch Rockmusiker – mit den okkulten Systemen in Kontakt kam. Eine zentrale Rolle bei der Wiederverzauberung der britischen Rockmusik nahm Gerald Gardner ein. Gardner pflegte schon früh Verbindungen zu einer lokalen theosophisch-rosenkreuzerischen Gruppierung namens „Fellowship of Crotona". Unmittelbar nach dem Zweiten Weltkrieg erfolgte auch ein Treffen mit Aleister Crowley, das von großer Bedeutung für die Entwicklung von Gardners eigenem System war. Das entscheidende Moment stellte 1954 Gardners Buch *Witchcraft Today* dar. Darin schildert Gardner den Hexenkult als lebendige Religion, die in direkter Kontinuität zu vorchristlichen Glaubensvorstellungen der britischen Inseln stünde. Zugleich vertrat Gardner die Ansicht, dass der Hexenkult seinen Platz als naturverbundene spirituelle Tradition innerhalb der modernen Gesellschaft zurückfordern sollte und einem breiten Publikum, insbesondere der Jugend, zugänglich gemacht werden müsse – eine für den späteren Pagan Metal bahnbrechende neue Erzählung. Binnen kurzer Zeit führte die Veröffentlichung zu zahlreichen Neugründungen von Hexenzirkeln („Wicca-Coven") in England.

Für die Popularisierung von Gardners Wicca-Kult in den 1960er Jahren sorgte Alex Sanders. Nach der Gründung eines eigenen Zirkels im Londoner In-Viertel Notting Hill im Jahre 1967 avancierte Sanders zu einer landesweiten Medienberühmtheit. Gemeinsam mit seiner Frau Maxine, die schon bald als „Hexenkönigin" bezeichnet wurde, absolvierte er unzählige Fernsehauftritte und Late-Night-Talks. Schon 1969 erschien die erste Biografie über Sanders. Schallplattenaufnahmen von Ritualen entstanden ebenso wie der Film *King of the Witches*, der auf Sanders Wicca-Aktivitäten basiert.

King of the Witches markiert zugleich eine Schnittstelle zwischen der okkulten Avantgarde Englands und der Rockmusik der Zeit. Für den inzwischen verschollenen Film kooperierte Sanders mit der einflussreichen Psychedelic Folk-Band Black Widow. Während die Band ihr Stück „Come to the Sabbat" vortrug, tanzten Sanders und mehrere seiner Hexen nackt um sie herum. Der leicht progressive Folkrock der Band mag ähnlich wie bei Coven aus heutiger Perspektive reichlich unspektakulär wirken – es ist das okkulte Konzept hinter den Texten und dem Image Black Widows, das für die Entwicklung des Diabolischen im Heavy Metal von Bedeutung ist. Die 1969 aufgenommene und 1970 veröffentlichte Platte *Sacrifice* ist ein Konzeptalbum, das die Geschichte eines jungen Okkultisten erzählt, der mittels eines magischen Blicks in die Vergangenheit sein früheres

Leben als mächtiger Zauberer in Ägypten erkennt. Auch bei Black Widow stehen eine Dämonenbeschwörung und ein Teufelspakt im Mittelpunkt der Platte:

> Discard your clothes and come on foot
> Through streams and fields and moonlit moors
> Your bodies soaked in secret oils
> Perfumed herbs will heal your sores
> Join me in my search for power
>
> Wives and husbands bring your kin
> We'll be as one within the hour
> Let the sabbat now begin
> Come, come, come to the sabbat
> Come to the sabbat – Satan's there!

Die große Aufmerksamkeit, die Black Widow genossen, resultierte hauptsächlich aus der extravaganten Bühnenshow, welche die Band bei Live-Konzerten zur stimmungsvollen Vermittlung der Geschichte ihres Konzeptalbums in Szene setzte. Einen wesentlichen Einfluss hatte hier erneut Alex Sanders, der als „magischer Berater" fungierte und der Band unter anderem die korrekten Zauberwörter verriet, um während des Auftritts die richtigen Geister zu beschwören. Maxine Sanders spielte die Hauptrolle in der von Schauspielern der Leicester Phoenix Theatre Company inszenierten Show. Den Höhepunkt der mit Requisiten wie magischen Zirkeln, Schwertern, Kerzen und Weihrauch überladenen Darbietung stellte der auf der Bühne simulierte Geschlechtsakt zwischen der nackten Maxine Sanders und Sänger Kip Trevor dar, mit anschließender Opferung der „Dämonin" mit einem Ritualdolch. Der beabsichtige Publicity-Effekt stellte sich für die Band unmittelbar ein. Die simple Tatsache, dass der selbsternannte „König der Hexen" einer berüchtigten Rockband unter die Arme griff, sowie die skandalträchtige Bühneninszenierung des Okkult-Spektakels sorgten dafür, dass neben normalem Publikum bald auch Scharen von Journalisten bei den Shows erschienen, die mit ihren reißerischen Artikeln die Bekanntheit von Black Widow und Sanders zusätzlich förderten. Zu den Gästen bei Konzerten zählten regelmäßig auch Priester, die mit vorgehaltenen Kreuzen das wartende Publikum vor der Gefährlichkeit der Show warnten und zum Verlassen der Konzertstätten bewegen wollten. Die Wirkung war das Gegenteil: „Die Presse sagte ‚Lassen Sie Ihre Kinder nicht diese Show sehen!', weswegen natürlich erst recht alle kamen, um sie zu sehen", erinnert sich der Saxophonist und Flötist der Band, Clive Jones.[26]

Charakteristisch für den Psychedelic Rock und andere Vorläufer des Heavy Metal ist Ende der Sechzigerjahre also der Versuch, über satanistische und okkulte Praktiken alternative Sinnsysteme zu schaffen, die den spirituellen und politischen Bedürfnissen der Hippie-Ära – und hier vor allem ihrer kreativen Avantgarden – passgenau entgegenkamen. Einen wichtigen Teil bildete dabei eine kirchenkritische Haltung, die im Symbol „Satan" ihren konsequenten künstlerischen Ausdruck fand. Während in den USA die Church of Satan und Kenneth Anger eine emanzipatorische Teufelsfigur im Sinne des Lichtbringers Luzifer etablierten und so zahlreiche Kontakte in die Rockmusik der Zeit knüpften, waren es in England neue Hexenzirkel, die sich auf eine vermeintlich uralte britische Volksreligion beriefen. Dieser alte Hexenglaube sei von der Kirche unterdrückt worden und müsse nun in einer antiautoritären Revolte befreit werden. Für Bands wie Black Widow und zahlreiche andere avancierte der Teufel – respektive der „gehörnte Gott" des Hexenglaubens – zum Symbol spiritueller Emanzipation und gesellschaftspolitischen Widerstands. Für die Ideologie des Heavy Metal – im Besonderen des Pagan Metals der 1990er Jahre – finden sich hier bahnbrechende neue Erzählungen des Teuflischen.

Interessant ist dabei, wie Bands wie Coven und Black Widow, aber auch die okkulten Akteure selbst ihre neuen Teufelsbilder in historische Traditionslinien einbetten. Während sich die kalifornischen Satanisten auf Crowley und damit auf vermeintliche Kontinuitäten berufen, die bis ins alte Ägypten zurückreichen, aktivieren englische Okkultisten romantische Ideen einer angeblichen germanisch-keltischen Volksreligion, die vom Christentum nur überlagert, aber nicht gänzlich vernichtet worden sei. Seit der europäischen Romantik wurde versucht, mit solchen Rückgriffen und Rekonstruktionen vermeintlich „uralter" Kontinuitätslinien Nationen oder Gemeinschaften zu formieren und zu legitimieren. Wenn sich Bands wie Black Widow also auf einen „uralten" Hexenglauben berufen, konstruieren sie auch ein eigenes kulturelles Erbe, das Alternativen zu den institutionellen, kirchlichen Glaubenssystemen bildet. So lässt sich die Wiederverzauberung des Teufels durch die okkulte Rockmusik der späten Sechziger auch als gegenkulturelle Gedächtnisarbeit verstehen. Es geht um einen Identität stiftenden Gegenentwurf zur Tradition der katholischen Kirche, die als reaktionär und erdrückenden konservativ empfunden wurde. Die Figur eines aufbegehrenden, antiautoritären Luzifer kam den spirituellen Bedürfnissen jener Avantgarden weit mehr entgegen als die Dogmen der christlichen Kirchen.

Die Begeisterung der späten Sechzigerjahre für eine widerständige Aneignung religiöser Ästhetik stellt so auch eine frühe Form des Marktes der „Populären Religion" dar. Der Religionssoziologe Hubert Knoblauch bezeichnet mit diesem Begriff die Popularisierung religiöser Formen über nicht-religiöse Institutionen und Medien in die breitere Gesellschaft.[27] Neben institutionellen Anbietern – auch die Kirchen sieht Knoblauch als Teil der populären Religion – prägen dabei bis heute vor allem auch Rock und Heavy Metal diesen Markt mit. Das Spiel mit dem vielfältigen Bedeutungsgehalt religiöser Formen wird zum kreativen Stilmittel, wodurch sich religiöse Figuren wie der Teufel in ihrer Funktion grundlegend wandeln. Religiöse Traditionen werden „fluide", wie Dorothea Lüddeckens und Rafael Walthert schreiben, indem sie nicht mehr durch institutionelle Dogmen festgeschrieben, sondern durch subjektive Bedürfnisse weitaus individueller und beweglicher ausgehandelt werden.[28] Die neue Erzählung des emanzipatorischen Teufels, des Lichtbringers Luzifer, die sich seit Ende der 1960er Jahre von Heavy Metal und Psychedelic Rock aus etabliert, illustriert diesen Wandel eindrucksvoll.

Vor allem die visuelle und performative Wucht des Teuflischen in den psychedelischen Wurzeln des Heavy Metal der späten Sechzigerjahre fällt dabei auf. Spektakuläre Bühnenshows, schwarze Messen, okkulte Bildsprache, aufwändige Artworks und diverse Kooperationen mit Filmschaffenden zeigen, dass harte Rockmusik in dieser Ära zum Gesamtkunstwerk geworden ist. Die Wiederverzauberung Luzifers durch Bands wie Coven, Black Widow und andere „ästhetisiert" den Teufel, verleiht ihm ein Aussehen, eine Ausstrahlung, eine Atmosphäre. Für die Rockmusik der Zeit war das ein wichtiger Energieschub.

Denn der globale Norden hatte sich in den 1960er Jahren zu einer Überflussgesellschaft gewandelt. Es herrschte ein Kapitalismus, in dem die Grundbedürfnisse des Lebens weitgehend gedeckt waren. Das gilt auch für die Rockmusik: Die Beatles, die Rolling Stones, Led Zeppelin und Hunderte anderer hatten im Verlauf der 1960er Jahre für ein weltweites Millionenpublikum die „Grundversorgung" an Rockmusik sichergestellt. Rock und Pop liefen auf allen Kanälen – vom Open-Air-Festival bis hin zum TV-Auftritt. Rock und Pop waren musikwirtschaftlich und kulturindustriell weitgehend etabliert, von der älteren Generation zähneknirschend akzeptiert und begannen formelhaft, ja gewöhnlich zu werden. An diesem Punkt in der Geschichte beginnt der Teufel, die Rockmusik wieder aufregend zu machen. Die Ästhetisierung des Sounds über satanische Bildsprache und Performance lässt das Genre wieder gefährlich wirken. Die „Teufelsmusik" Rock kann wieder als Bedrohungsszenario dienen und das Potenzial für neue Abgrenzung bieten, ein Potenzial, das von den kreativen, widerständigen Avantgarden der Zeit gerne aufgegriffen wird. Man muss nicht so weit gehen, wie der amerikanische Journalist Peter Bebergal, der mit Blick auf diese Wiederverzauberung behauptet, das Okkulte hätte den Rock 'n' Roll gerettet[29] – aber die neue Vitalität, die der rebellische Luzifer der harten Rockmusik an der Schwelle zu den Siebzigern eingehaucht hat, ist kaum zu leugnen.

5
„Ohne die Musik wären wir nur Kasperltheater": Das Satanische als Show

Welcome to my nightmare
I think you're gonna like it
I think you're gonna feel you belong

Alice Cooper, „Welcome to my Nightmare", 1975

Die genüsslichen Schilderungen von Teufelspakten und Dämonenbeschwörungen, die der Psychedelic Rock der 1960er in seiner Faszination für Satanismus und okkulte Systeme entwickelte, prägten die Geschichte des Heavy Metal entscheidend. Zwar ging es sicherlich um eine Suche nach alternativen spirituellen Systemen, die dem Wunsch nach Selbstverwirklichung oder auch einer kritischen Haltung gegenüber gesellschaftlichen Autoritäten entsprach, doch auch die Unterhaltung war ein wichtiger Bestandteil. Gerade in den schwarzen Messen, die Bands wie Coven oder Black Widow in allen blutigen und erotischen Details auf die Bühne brachten, ging es auch um den Skandal. Hier beginnt eine weitere Erzählung des Teuflischen, mit der Bands bis heute an das Narrativ des Widersachers anknüpfen. Satan wird zum Showmaster, der provoziert, ästhetische, moralische und geschmackliche Grenzen überschreitet und der Gesellschaft bisweilen einen Spiegel vorhält. Plakative Visualität, musikalische Extreme und drastische Texte bilden den Werkzeugkasten für dieses satanische Spiel mit Tabus, hinter dem sich häufig Kritik an realen Missständen und „Sünden" verbirgt.

Einer der bedeutendsten Pioniere dieses neuen „Schock-Rock" ist Arthur Brown mit seiner Band The Crazy World of Arthur Brown. Der in Musikerkreisen hochgeschätzte Brite setzte Ende der 1960er

Jahre auf eine explosive Bühnenshow, in der er selbst die Rolle des höllischen Zeremonienmeisters übernahm. Neben seiner durch pyrotechnische Spezialeffekte unterstützten Show war es vor allem sein markantes schwarz-weißes Totenkopf-Make-up, das Arthur Brown zum Vorbild für zahlreiche spätere Hard Rock- und Heavy Metal-Bands werden ließ. Im Besonderen adaptierte der Black Metal zwei Jahrzehnte später die düstere Gesichtsbemalung als sogenanntes „Corpsepaint". Die Schweizer Black Metal-Pioniere Celtic Frost, aber auch die deutschen Sodom übten hier zu Beginn der 1980er einen erheblichen Einfluss als Innovatoren und Vermittler aus. Vor allem die „zweite Generation" des Black Metal der 1990er-Jahre (▶ Kap. 10) adaptierte das Corpsepaint dieser Vorbilder und entwickelte es zu einem fixen ästhetischen Trademark auf Bandfotos und Albumcover weiter, um so die düstere Atmosphäre der Musik visuell zu unterstützen. Bereits in den 1960er-Jahren verfehlte die Show des exzentrischen Engländers Arthur Brown nicht ihre Wirkung. Arthur Brown erinnert sich, wie die drastische Optik nicht überall auf Gegenliebe stieß:

> Als das Album [das selbstbetitelte Debutalbum *The Crazy World of Arthur Brown*] auf den Markt kam, war es anfangs für die Leute sehr schockierend, weil sie diese Art von Song noch nicht als Pop-Song kannten. Das Album dürfte das erste Pop-Album gewesen sein, das Gut und Böse analysierte. Und das hat viele Leute verstört. Die Leute traten unser Equipment die Treppe hinunter und verprügelten uns und all so was.[30]

Den Höhepunkt der Shows von The Crazy World of Arthur Brown bildete deren größter Hit „Fire". Arthur Brown inszenierte sich in diesem Song als „Gott des Höllenfeuers", der dem Publikum als luziferischer bzw. als emanzipatorischer Befreier im Sinne Kenneth Angers und Anton LaVeys gegenübertritt. Die Aufforderung „burn your mind" greift dabei zeittypische „Drop-out"-Parolen auf, wie sie vor allem von kalifornischen Psychedelic Rock-Bands unter dem Einfluss Timothy Learys und im Anschluss an Aldous Huxleys *Doors of Perception* (1954) in unterschiedlichen Variationen propagiert wurden.

5 „Ohne die Musik wären wir nur Kasperltheater": Das Satanische als Show

> I am the god of hellfire and I bring you
>
> Fire, I'll take you to burn
> Fire, I'll take you to learn
> I'll see you burn!
>
> You fought hard and you saved and earned
> But all of it's going to burn
> And your mind, your tiny mind
> You know you've really been so blind
> Now's your time, burn your mind
> You're falling far too far behind

Schon in den späten 1960er Jahren begannen Bands des sich formierenden Heavy Metal, Elemente aus Browns Bühnenshow zu adaptieren und gemäß der üblichen popkulturellen Logiken von Spektakel und Überbietung ins Extrem zu führen. Arthur Brown selbst kommentierte diese Entwicklung, bei der die Zwischentöne oft auf der Strecke blieben, wenig begeistert:

> An Heavy Metal fand ich interessant, dass viele der Leute mit der Hippie-Szene und Hippie-Bands groß geworden waren, zu einer Zeit, als sich die Szene wegen zu viel Medienrummel auflöste und sich selbst in den Arsch kroch. Dieselben Texte fanden sich nun in der Heavy Metal-Szene wieder. Genau wie die Sache mit der Suche, die haben sie dualistisch aufgefasst – Gut gegen Böse. Und dann bekommt man all die großen, maskierten Gestalten, all das Zeug. Insofern hat sich das nicht besonders subtil entwickelt.[31]

Der Superstar des neuen „Schock-Rock" war aber Alice Cooper. Cooper (bürgerlich: Vincent Damon Furnier) entwickelte unter dem Einfluss Arthur Browns und protegiert von Avantgarde-Ikone Frank Zappa ein spektakuläres Konzept, in dem sich die Energie einer klassischen Rockshow mit theatralischen Schockeffekten aus Geisterbahnen oder Grusel-Varietés paarte. Um die geschmacklichen und moralischen Grenzen auf das wirkungsvollste zu strapazieren und ihren Texten über Mord und Totschlag ein entsprechendes visuelles Gerüst zu schaffen, setzte die Band auf ein ganzes Arsenal von Requisiten, das von einer Guillotine, geköpften Babypuppen, einem Galgen, einem elektrischen Stuhl, Zwangsjacken, Rauchbomben,

5 „Ohne die Musik wären wir nur Kasperltheater": Das Satanische als Show

Konfetti bis hin zu lebendigen Schlangen und Vögeln reichte. Auch inszenierte Schlägereien unter den Bandmitgliedern gehörten zur Performance.

Im Zentrum der Show stand die Kunstfigur Alice Cooper, leichenblass mit schwarz umrandeten Totenschädel-Augen und Blutspritzern geschminkt, ein schriller diabolischer Showmaster. Den Höhepunkt der Auftritte bildete stets die Hinrichtung Alice Coopers – am Strang, auf dem elektrischen Stuhl oder unter der Guillotine. Über das Spektakel, das die Band auf der Bühne auch noch heute veranstaltet, äußert sich Alice Cooper pragmatisch: „Ohne die Musik wären wir nur Kasperltheater."[32]

Um das sinistre Image der Band, insbesondere des Frontmannes zusätzlich zu unterstreichen, streute die Band in ihren Anfangstagen das Gerücht, Alice Cooper sei der Name einer Hexe aus dem 17. Jahrhundert, der der Band während einer Séance am Ouija-Brett mitgeteilt wurde. Trotz dieses Spiels mit dem Teuflischen spielen Okkultismus oder Satanismus bis heute kaum eine Rolle im künstlerischen Werk Alice Coopers.

Dennoch entwickelte sich die Band ab den 1970er Jahren zum Erzfeind konservativer amerikanischer Gruppen und zur wandelnden Zielscheibe für Vorwürfe von Satanismus und Jugendgefährdung. Cooper selbst distanziert sich bis heute klar von einer bejahenden Verwendung teuflischer oder okkulter Symbolik. Das Ziel der Teufeleien auf der Bühne sei es gewesen, „der Öffentlichkeit zu zeigen, wie weit es mit ihrer Welt gekommen ist".[33] Dies geschieht bei Alice Cooper durch ein visuelles Bombardement, das auf eine diabolisch-lustvolle Inszenierung des Bösen setzt. „Das Böse" ist im Falle Alice Coopers auch das Böse im Menschen und vor allem der amerikanischen Gesellschaft. In psychisch kranken Serienkillern, sexueller Perversion oder verschiedenen Horrorfiguren sucht es seinen Ausdruck und zeigt sich in der Person Alice Coopers unmittelbar dem Publikum. Dass Alice Cooper tatsächlich vor allem Theater ist, betont der im echten Leben überzeugt gläubige Pfarrerssohn Vincent Furnier in zahlreichen Interviews:

> Bei mir gibt es keine Anspielungen auf den Satanismus. Ich spiele manchmal den Bösen, den Schurken, aber er wird am Ende jedes Mal getötet. Am Schluss ist Auferstehung, es ist Alice im weißen Frack. [...] Wir führen ein klassisches *morality play* auf. Mein Pastor kam einmal in die Vorstellung und sagte, dass er eine Figur zwischen Gut und Böse erlebt habe, wobei am Ende das Gute die Oberhand behielt. Das ist es, was die Bibel im Buch der Offenbarung lehrt: Satan hebt seinen Kopf, doch wird er vernichtet.[34]

Das moralisch unterlegte Gruselvarieté Alice Coopers baute in den 1970er Jahren die New Yorker Band Kiss zum perfekten Rock 'n' Roll-Zirkus aus. Geboten wurde ein Spektakel mit fliegenden Dämonen, glitzernden Astronauten und reichlich Pyro- und Raucheffekten, das Millionen von Fans erreichte. Mit aufwändigen Kostümen aus Leder, Nieten und überdimensionierten Plateausohlen verwandelten sich die Musiker in Comicfiguren aus Fleisch und Blut (▶ Abb. 7). Einflussreich, erneut besonders in der norwegischen Black Metal-Szene der 1990er Jahre, war das individuelle schwarz-weiße Make-up der Musiker, mit dem sie unterschiedliche Charaktere mit jeweils korrespondierenden Rollennamen verkörperten. Trotz des offensichtlich an Superhelden-Comics ausgerichteten Bandimages war vor allem Bassist Gene Simmons Satanismusvorwürfen ausgesetzt: „Mich hat man damals oft als Satanist beschimpft – wegen der Szene, in der ich das Blut gespuckt habe."[35] Im wohl berühmtesten Stunt jeder Kiss-Show erhebt sich „Dämon" Gene Simmons an Drähten über das Publikum und schwebt Blut spuckend und mit ausgebreiteten Fledermausflügeln durch die Halle. Die Rolle des Dämonen hatte Simmons wegen seiner Liebe für Horrorfilme gewählt.

Haupteinfluss für das schwarz-weiße Make-up der Band waren ebenso wenig satanistische Neigungen, sondern das traditionelle japanische Kabuki-Theater. Dessen überladene Bühnenausstattung, farbenfrohe Kostüme und dicke, maskenhafte Schminkweise ko-

5 „Ohne die Musik wären wir nur Kasperltheater": Das Satanische als Show

Abb. 7: Kiss bei einem Konzert in Krakau, 2019 (Foto: Nashville 69; CC BY-SA 4.0).

pierten Kiss bis ins Detail. So orientiert sich Gene Simmons nicht nur durch sein Dämonen-Make-up an der typischen Inszenierung der kriegerischen Männerrollen (*aragoto*), sondern auch durch seine übersteigert maskuline Kostümierung – mit muskulösem Brustpanzer und betontem Schritt. Auch der Dämonen-Stunt ist ein Showeffekt aus dem Kabuki-Theater: Mit der Kabuki-Technik *chunori* wurden ab dem 19. Jahrhundert Schauspieler über das Publikum hinweg zu anderen Orten in den Theatern transportiert.

Ungeachtet dessen stellten Kiss in den 1970er Jahren ein Hauptziel für die „satanic panic" konservativer Kreise dar. Am hartnäckigsten hielt sich das Gerücht, der Bandname stelle ein Akronym dar, das die eigentlichen Absichten der Musiker verschleiern sollte. Je nach Quelle stehe Kiss für Kings, Knights oder Kids in Satan's Service. Dabei hatten Kiss im Gegensatz zu anderen Bands der 1970er und 1980er Jahre keinen einzigen Song über den Teufel geschrieben. Das Aufsehen, das die extravagante Band bei Fans und Gegnern erregte, kam nicht ungelegen, wie sich Sänger Paul Stanley erinnert: „Natürlich schockierten wir die Leute mit diesen wilden Farben im

Gesicht. Aber wir lachten darüber. Und bekamen genau die Aufmerksamkeit, die wir wollten."[36] Trotz der massiven Vorwürfe aus christlich-fundamentalistischen Kreisen – oder wahrscheinlich gerade deswegen – konnten Kiss im Laufe ihrer Karriere mehr als 80 Millionen Platten verkaufen. Ihre einst umstrittene Show mit Blut, Feuer und Höllenspektakel stellt noch heute das wichtigste Kapital der Band dar.

Dass makabre Bühnenspektakel aber auch wesentlich konkretere Teufelsbilder transportieren konnten, als es bei Alice Cooper oder Kiss der Fall war, bewiesen in den frühen 1980er Jahren Hell aus Nottingham. Aus den regionalen Bands Paralex und Race Against Time hervorgegangen, zählen Hell zu den zahlreichen jungen Bands der New Wave of British Heavy Metal, die auf teuflische Schauergeschichten setzten, um zu unterhalten und dem eigenen Image einen gefährlichen Touch zu verpassen (▶ Kap. 3). Hell gingen allerdings einen Schritt weiter: Die Band inszenierte sich in aller Konsequenz als Diener des Gehörnten, wozu sie bei Bühnenshows ein ganzes Arsenal okkulter Symbolik in Stellung brachte. Für Auftritte musste die Band – die während der gesamten Dauer ihres Bestehens auf Amateurebene ohne Plattenvertrag agierte – regelmäßig einen Lkw mieten. Eine Show von Hell zu dieser Zeit war ein wahres Bombardement an Pyroeffekten, Schockelementen und okkulter Symbolik und bis ins letzte Detail choreografiert. Von der Position der Musiker auf der Bühne über ihre schwarzen Umhänge, die Beleuchtung bis hin zu den Pyroeffekten folgten die Auftritte einer vorher ausgearbeiteten Regie. Das Ziel: das Publikum so oft wie möglich vor den Kopf zu stoßen und mit einem bombastischen satanischen Spektakel zu überrumpeln: „Es sollte düster, gefährlich und musikalisch wie visuell atemberaubend sein. Etwas, was das Publikum völlig sprachlos macht und in die völlige Besinnungslosigkeit prügelt", so Gitarrist Kev Bower. Und weiter: „Teil des Plans war, nie das zu tun, was man erwartet, dafür zu sorgen, dass es mindestens alle dreißig Sekunden der Show eine große Überraschung gibt".[37]

Dem Ziel, das Publikum so weit wie möglich in ihre düstere Welt eintauchen zu lassen, folgte auch die Interaktion mit dem Publikum. In einem totalen Bruch mit den Konventionen von Rockshows stellte die Band keinen Kontakt zu ihren Fans her, sondern starrte mit leichenblass geschminkten Gesichtern mit schwarz umrandeten Augen ins Leere. Auf die Intention hinter den mit gewaltigem Aufwand verbundenen Okkult-Shows angesprochen, erklärt Kev Bower:

> [Es ging darum], das Publikum zu Tode zu erschrecken, und zwar nicht nur durch das, was es sah und hörte, sondern auch durch das, was es nicht sah und nicht hörte. So wie die besten Horrorfilme nichts zeigen, sondern alles in den dunkelsten Abgründen der Phantasie des Zuschauers überlassen. Wir wollten, dass die Leute wirklich glaubten, wir würden nach Verlassen der Bühne losziehen, um Ziegen zu opfern und ein paar Frauen zu entjungfern. Also wurde das Ganze – die Texte, die Musik, die Bühnenshow, das Image und die Persona aller Bandmitglieder – sorgfältig kultiviert, das zu reflektieren.[38]

Auch bei Hell diente der Teufel also dazu, das Publikum zu schocken, indem die Grenzen des Gewohnten bewusst überschritten wurden. Die Linie zum diabolischen Showmaster Arthur Brown zeigt sich auch daran, dass Hell um 1983 dessen größten Hit „Fire" als Coverversion aufnahm. Der Plan, damit in der englischen Musiksendung *Top of the Pops* zu landen, hatte allerdings keinen Erfolg. Die Show von Hell war der BBC zu extrem.

Kev Bower deutet allerdings ein wichtiges neues Element an: Zentral für die weitere Entwicklung des Teuflischen im Heavy Metal ist die Aufhebung der Trennung zwischen Bühnenperson und Privatperson: „Wir wollten, dass die Leute wirklich glaubten, wir würden [...] losziehen, um Ziegen zu opfern". Zu einem Zeitpunkt, an dem diabolische Themen und makabre Bühnenspektakel bereits zum „guten Ton" der Rockmusik zählten und dem Publikum angesichts spektakulärer neuer Protestgenres wie dem Punk allenfalls noch als Klischee erscheinen mussten, bildete dieses Vorspiegeln von Echtheit den logischen nächsten Schritt. Ging es beim Satanismus der psychedelischen Avantgarde der späten 1960er Jahre um eine emanzipatorische, spirituelle Sinnsuche, erwiesen sich die Beweggründe im Heavy Metal der frühen 1980er als weitaus weltlicher: Schock, Blasphemie, ein möglichst glaubwürdiges satanisches Gesamtpaket, um sich von den Dutzenden anderen Bands abzusetzen, die in Texten und Artworks mit dem Teufel paktierten – darum ging es Hell. Die Vorlagen dafür lieferte abermals der Kanon der europäischen Schauerliteratur und vor allem die Horrorstreifen der englischen Hammer Studios und die großen satanischen Hollywood-Blockbuster der 1970er Jahre.

Deutlich wird dies auch bei einer weiteren jener neuen, jungen britischen Bands, die um 1979 auf satanische Theatralik setzten: Auch die 1978 gegründeten Pagan Altar stellten das gesamte Bandkonzept, begonnen beim Namen („heidnischer Altar") bis zur Bühnenshow, unter teuflische Vorzeichen. Begleitet von gregorianischen Klängen und in schwarze Roben gehüllt, betraten sie die Bühne. Kunstnebel und flackernde Kerzen unterstrichen die schauerliche Atmosphäre zusätzlich. Als zentraler Blickfang diente ein mit schwarzen Tüchern drapierter Altar, auf dem sich verschiedene zeremonielle Gegenstände, Totenschädel, ein umgekehrtes Kreuz und mitunter ein blutbesudelter Sarg befanden. Im Song „The Black Mass" schildern Pagan Altar passend dazu eine schwarze Messe und begrüßen das neue Zeitalter Satans:

> Blue velvet shrouds the altar, black candles pierce the dark
> The skulls of the unbelievers peer sightless, bleached and stark
> The inverted cross of burnished gold, the burial urns of light
> The pungent smell of incense wafts out into the night
> This is the age, the age of Satan, now that the twilight is done
> Now that Satan has come

Wie sich bei Hell bereits abzeichnet, ging es auch Pagan Altar mit ihrem Bühnenspektakel nicht um einen satanistischen Umsturz, sondern um ein möglichst reißerisches Image. Sänger Terry Jones blickt zurück:

> Zu dieser Zeit [in den 1970er Jahren] produzierten Studios wie Hammer Films viele Filme über verschiedenste Formen des Okkulten – und diese Filme erregten ein enormes öffentliches Interesse! Auch wenn sie nach heutigen Maßstäben etwas naiv erscheinen mögen, wurden sie damals als weitaus genießbarer und unterhaltsamer empfunden als die vorhersehbaren Hollywood-Filme und schnulzigen Popsongs der Zeit. Es war ein Leichtes, dieses Interesse in Musik mit okkulten Inhalten umzuwandeln, die, sagen wir, etwas Unfug enthielt.[39]

Diese 27 Jahre nach der Bandgründung getätigten Aussagen legen die banalen Hintergründe für Pagan Altars Faszination für das Okkulte offen. Im Kern ist es – wie bei Black Sabbath und vielen anderen – die Neugier von Teenagern für das Jenseitige und die Nachtseiten der Welt. Die Horrorfilme aus den 1960er und 1970er Jahren werden dafür nun in das Medium Heavy Metal übersetzt und, wie Jones anmerkt, mit „etwas Unfug" aufgepeppt. Die satanistische Botschaft von Songs wie „The Black Mass" entpuppt sich so auch hier als augenzwinkerndes Spiel, das auf einen Showeffekt abzielt und der Band ein authentisches und einzigartiges Image verleiht.

Unterhaltung durch Grenzüberschreitungen, das Spiel mit Ambivalenz. Provokation und Blasphemie als großes Bühnenspektakel. Auch heute noch finden wir dieses zentrale Narrativ des Teuflischen: Aktuell füllt zum Beispiel die schwedische Band Ghost ganze Stadien mit ihrer blasphemischen Show. Sänger Tobias Forge tritt unter dem Pseudonym „Papa Emeritus" und mit Papstornat auf die Bühne und zelebriert mit Songs wie „Satan Prayer" ein spektakuläres Bühnentheater, das ebenso aus dem Schockrock von Alice Cooper schöpft wie aus 500 Jahren satanistischer Erzählmotive. So lässt sich die Performance als „satanischer Papst" nicht nur auf spätmittelalterliche Flugblätter zurückführen, sondern auch auf die französische Literatur um 1900, wo Joris-Karl Huysmans in seinem satanischen Meisterwerk *Là-bas* (dt. „Tief unten") eine ganz ähnliche Figur, den perversen Kanonikus Docre, auftreten lässt.

Das sind keine zufälligen Parallelen. Die Heavy Metal-Szene des 21. Jahrhunderts hat ihre Wurzeln in der jungen, weißen Arbeiter-

klassen-Kultur der frühen 1970er längst hinter sich gelassen. In Europa gehört sie zu den Popmusik-Szenen mit dem höchsten Bildungsniveau. Viele Musikerinnen und Musiker und auch die Fans haben inzwischen einen akademischen Background und entsprechende Kenntnisse von literarischen und kunstgeschichtlichen Traditionen. Die Shows von Ghost und anderen sind so auch als eine laufende Bezugnahme älterer teuflischer Erzählungen zu verstehen, die zitiert, persifliert und teils außerordentlich versiert für ein neues Publikum neu formuliert werden.

6
„In League with Satan":
Teufelspakte und Blasphemie

*If you can think of every cliché, that's us.
The loud, the fast, the bombs, the black magic. We are every cliché.*

Anthony „Abaddon" Bray, Venom, 1981

Mit ihren schockierenden – im Grunde aber nur inszenierten – Selbstdarstellungen als „echte" Teufelsanhänger und „überzeugte" Satanisten hatten britische Bands wie Hell oder Pagan Altar um 1980 eine neue Erzählung für das Teuflische formuliert, die sich für den Heavy Metal der folgenden Jahrzehnte als bahnbrechend erweisen sollte. In deren Kern geht es um ein Ringen um Authentizität, das zu einem Wettstreit der Extreme führte. In der Suche nach der schockierendsten Textzeile und dem „härtesten" Image überbieten sich Bands des sich Mitte der Achtzigerjahre ausdifferenzierenden Extreme Metal in satanischen Grenzüberschreitungen und einem Wettbewerb an Vulgarität, Geschmacklosigkeit und Gewaltfantasien. Darin verschränken sich popkulturelle Logiken des Spektakels, der Überbietung und Aufmerksamkeit mit Formen ästhetischen Widerstands, wie sie für Heavy Metal typisch sind, zum Beispiel toxischkriegerische Männlichkeit und reinigende Auseinandersetzung mit realem und fiktionalem Horror.

Das opulente und in seinen Details wohldurchdachte Bühnenspektakel von Alice Cooper, Hell oder Pagan Altar bildete für diese Suche nach der nächsten Provokation, nach dem ultimativen „Wir sind die Härtesten", aber nicht mehr das passende Medium. Stattdessen führte die Steigerungslogik teuflischer Provokationen in den Genres des extremen Metal, dem Thrash Metal ab Mitte der 1980er, dem Death Metal ab Ende der 1980er und dem Black Metal der 1990er zu einer Radikalisierung der musikalischen Ästhetik und des Ausdrucks. Satanische Tabubrüche dienten dabei als passendes Motiv für die Suche nach dem extremen musikalischen Ausdruck.

Als bahnbrechend gelten hier Venom aus Newcastle, eine weitere jener jungen, um 1979 formierten Bands der New Wave of British Heavy Metal. Bereits mit ihren ersten Alben *Welcome to Hell* (1981) und *Black Metal* (1982) schufen die drei Schulfreunde Conrad Lant, Jeff Dunn und Tony Bray zwei von Szene und Musikpresse gleichermaßen als stilprägend anerkannte Klassiker des Extreme Metal. Der Titel des zweiten Albums *Black Metal* wurde Namensgeber für den explizit satanistischen Black Metal, der sich ab den 1990er Jahren als eines der kommerziell stärksten Subgenres im Metal etablieren konnte. Wie schon bei Black Sabbath und vielen Bands der NWOBHM diente die Musik den Bandmitgliedern, die ausnahmslos aus der nordenglischen Arbeiterklasse stammten, auch als Ventil, um dem grauen Alltag zu entkommen und Aggressionen und Energie auszuleben. Conrad Lant erinnert sich an die Gründung der Band um 1979:

> Wir hatten alle die Schnauze voll von der britischen Scheinheiligkeit, waren meist arbeitslos und brauchten ein Ventil. Die Sex Pistols, Motörhead, Sabbath, Priest und Kiss – das war der Soundtrack meiner Jugend. Ich wollte auch da oben auf der Bühne stehen und meinen Gefühlen Luft machen![40]

Musikalisch setzte die an ihren Instrumenten zunächst nur wenig beschlagene Band auf eine bis dahin unerhörte Rohheit. Die Energie des englischen Punk, die Lautstärke der „härtesten" Hard Rock- und Heavy Metal-Bands der Zeit wie Motörhead und Judas Priest und die überwältigende Visualität einer Kiss-Show vermengten sich zu einem akustischen und optischen Totalangriff. Venom wollten aber noch härter, schneller, extremer sein als ihre Vorbilder, die der Band zu „harmlos" schienen:

6 „In League with Satan": Teufelspakte und Blasphemie

> Der Ansatz von Venom ... es geht sozusagen um das, was Kiss *fehlte*! Sieh dir Simmons an – und er war der Dämon! All das Feuer und der Tod – und dann stehen sie da und singen: „I was made for loving you, baby!" Und du sagst dir, was zur Hölle ist *das*?! Du kannst nicht über Schäfchen und liebliche Gänseblümchen singen mit AAARRGGHH!!! – vor einer donnernden Basslinie und all diesen höllischen Schlagzeugfills![41]

Venom reagierten also auf ein Missverhältnis zwischen dem auf der Bühne zur Schau gestellten „bösen" Showimage von Bands wie Kiss und Alice Cooper und deren inzwischen als zahm und massenkompatibel empfundener Musik. Gerade auf Teenager um 1980, die unmittelbar mit der rohen Energie des angesagten Punk konfrontiert waren, mussten die Heavy-Dinosaurier der 1970er reichlich altbacken wirken. Den Gegensatz zwischen der teuflischen, blutspuckenden Bühnenrolle von Kiss' Gene Simmons und den harmlosen Rock'n'Roll-Texten der Band überwanden Venom durch eine neue Radikalität in Wort, Musik und Bild. Auch hier bestand das Hauptziel darin, noch „eine Schippe draufzulegen" – eine größere Show als Kiss, mehr Nieten als Judas Priest, schwärzere Texte als Black Sabbath. Conrad Lant erklärt: „Ich wollte nicht kommerziell sein oder wie jemand anderes klingen. Wir wollten Musik machen, die den Leuten Angst macht. Und das ist uns gelungen."[42]

Dass hinter dem wüsten Image, mit dem Venom ihrem Publikum Angst einjagen wollten, kein ernsthafter Satanismus stand, wurde aber schon in frühen Interviews deutlich. Auf ihr Interesse für den Teufel angesprochen, antwortete die Band lakonisch: „Satan ist Power und Venom ist Power – also schreiben wir über Satan".[43] In einem späteren Interview mit dem Fanzine *Voices from the Darkside* wird deutlich, dass die Faszination für das Böse bei Venom auch direkt durch das sinistre Image Black Sabbaths und – wie bei zahlreichen anderen Bands – durch zeitgenössische Horrorfilme beeinflusst war. Auch hier bestand das Hauptziel darin, noch „eine Schippe draufzulegen", wie Conrad Lant erklärt:

Wenn Black Sabbath der „Hammer-Horror" der Metal-Welt ist, dann wollte ich der *Evil Dead* oder der *The Exorcist* der Metal-Welt sein! Wir haben einfach noch einen draufgesetzt! [...] Wir waren immer frustriert mit Black Sabbath, denn jeder Sabbath-Song läuft großartig, bis es plötzlich heißt: „Oh Gott, hilf mir!" Und weißt du, da dachten wir, scheiße, da muss man doch noch eine Schippe drauflegen.[44]

Ein erster wesentlicher Schritt in Richtung eines „satanistischen" Gesamtkonzepts war die Verwendung von Pseudonymen. Nach dem Vorbild von Kiss oder Alice Cooper legten Venom auf der Bühne und auf Plattencovern ihre bürgerlichen Namen ab, und firmierten ab der ersten offiziellen Veröffentlichung als „Cronos" (Conrad Lant), „Mantas" (Jeff Dunn) und „Abaddon" (Tony Bray). Mystische Pseudonyme sind im satanischen Metal seither Pflicht. Ihre bürgerlichen Namen hatte die Band schlichtweg als zu „brav" empfunden für den Höllenlärm, den sie entfachte: „Man kann nicht von Satan schreien und brüllen ohne die passenden Namen (lacht)."[45]

Die Namen Abaddon, Cronos und Mantas entstammen unterschiedlichen Mythologien, wobei auch LaVeys *Satanische Bibel* als Inspirationsquelle diente. Abaddon (hebräisch für „Ort der Zerstörung") ist in der Offenbarung des Johannes der „Engel des Abgrunds", aus dem er beim Erklingen der fünften Posaune steigt und für fünf Monate Leid über die Menschheit bringt. Als Gründe für die Wahl dieses spezifischen Namens erläutert Cronos rückblickend:

Weißt du, weil Abaddon ein bisschen ein versoffenes Vieh war und er immer so aussah, als würde er Leute verprügeln und auf Dinge einschlagen, war „Abaddon, der Zerstörer" wirklich ziemlich offensichtlich. Und Mantas hat ihn einfach so genannt, inspiriert vom Gott der Hölle. Das Buch, aus dem der Name stammt, ist die *Satanische Bibel*.[46]

Dem Gesamtkonzept ruchloser Satanisten entsprachen das Artwork und die Texte des ersten, programmatisch *Welcome to Hell* betitelten Albums vollends. Das gesamte Frontcover nimmt der Baphomet der Church of Satan ein. Der Ziegenkopf, der den Betrachter aus dem Pentagramm bösartig anstarrt, wurde in den folgenden Jahren zu einer Art Bandmaskottchen, das auf zahllosen T-Shirts, Postern,

Promoartikeln und auf Bannern bei Konzerten Verwendung fand. Auf dem Backcover posiert die Band mit Lederarmbändern und Nieten bewehrt und unterstreicht mit einer Axt bewaffnet die eigene „Gefährlichkeit". Hier findet sich auch ein blasphemischer Spruch, mit dem sich die Band dem Publikum in aller Klarheit vorstellt: „We're possessed by all that is evil / The death of your God we demand / We spit at the virgin you worship / And sit at Lord Satan's left hand". Diese stilprägende, plakative Selbsterzählung verdeutlicht, wie sich Venom das transgressive Narrativ des Teuflischen aneignen: Die Band nimmt die Rolle von „vom Bösen besessenen" Höllensoldaten an, die Befehle ihres Meisters Satan ausführen. Drastisch findet die Verachtung des Christentums Ausdruck, das man als Feind identifiziert. Songs wie „In League with Satan" sollen alle Zweifel an den Überzeugungen der Band ausräumen:

> I'm in league with Satan
> Obey his commands
> With the goat of Mendes
> Sitting at his left hand
> I'm in league with Satan
> I love the dead
> No one prayed for Sodom
> As the people fled
>
> I'm in league with Satan
> I am the master's own
> I drink the juice of women
> As they lie alone
> I'm in league with Satan
> I bear the devil's mark
> I kill the new born baby
> Tear the infants flesh

Um die eigene Ruchlosigkeit zu inszenieren, setzen Venom auf ein Panorama der Geschmacklosigkeiten, das Motive aus der Schauerliteratur ebenso aufgreift wie Elemente aus okkulten Systemen. Auch die anderen Songs des Debütalbums sollten die Grenzen des guten Geschmacks auf das Äußerste strapazieren. Sie handeln von

Prostitution („Red Light Fever"), harten Drogen („Angel Dust"), Geschlechtskrankheiten („Poison"), psychisch kranken Serienkillern („Schizo") und Selbstglorifizierungen der Band („Sons of Satan"). Stets fehlt die kritische Distanz, eine Unterscheidung zwischen erzählerischem und künstlerischem Ego. Die Band begeht in den Texten die geschilderten Gräueltaten höchstpersönlich.

Auch auf dem zweiten Album *Black Metal* verfolgen Venom ihr diabolisches Storytelling in aller Konsequenz. Die Musiker haben sich nun auch „satanische Aufgabenbereiche" zugelegt, die an dämonologische Traktate erinnern, etwa an das bereits erwähnte *Clavicula Salomonis* mit seinen höllischen Hierarchien. So stellt das Backcover des Albums Cronos als „rabid captor of bestial malevolence" vor, Abaddon als „barbaric guardian to the 7 gates of hell" und Mantas als „grand master of Hades and mayhem". Das Frontcover zeigt einmal mehr den ziegenartigen Teufelskopf mit eingebranntem Pentagramm in der Stirn und einem umgedrehten Kreuz sowie der Zahl 666 auf den Hörnern. Auch die Texte dienen erneut dazu, Venoms Ruf als „böseste Band der Welt" zu unterstreichen. Sie handeln von pubertären Sexgeschichten („Teacher's Pet"), kultischen Menschenopfern („Sacrifice") und monströsen historischen Gestalten wie der legendären „Blutgräfin" Erszébet Báthory („Countess Bathory").

Vor allem das Motiv des Krieges gegen Gott auf der Seite Satans, als Soldaten im Aufstand Luzifers gegen den Himmel bauen Venom weiter aus. Die prägnanteste Ausprägung erfährt diese neue zentrale Teufelserzählung in Venoms drittem Studioalbum *At War with Satan* (1984). In dem gleichnamigen 19-minütigen Titeltrack erzählen Venom die Geschichte eines apokalyptischen Krieges, in deren Verlauf die Mächte Satans den Himmel stürmen und Rache für den Fall Luzifers üben:

> The warriors gather slowly around the sacred city, Hell
> Satan screams a vengeance on the land as the angels fell
> Tyrants pray disaster for the land of love and trust
> Demons plot a way to turn the Heavens into dust […]

> Free from the pits of Hell
> Slaves emerge the mountain
> We shall destroy the accursed Heavens
> Advance great legions strong
> Crush the gates and enter free
> Our lord of Hell must take God's throne
> Heavenly inferno
> Spread the message far ...

Während sich in kürzester Zeit weltweit Fanclubs („Venom's Legions") gründeten, lehnten andere Teile der Szene und Musikpresse die Band als unhörbaren Lärm mit infantilen Vulgärtexten und hanebüchenem Satanismus-Image ab. *Welcome to Hell* und *Black Metal* stellten einen Kulturschock dar, der für Kopfschütteln sorgte und eine Mythenbildung nach sich zog, die bis heute anhält. Auch wenn die Texte in zuvor nie dagewesener Drastik Satanismus, den Teufel und alle Arten von Blasphemie verherrlichen, verfügten Venom dennoch über einen doppelten Boden: „Ich predige weder Satanismus, noch Okkultismus, noch Hexerei oder sonst irgendetwas – Rock 'n' Roll ist im Grunde genommen Unterhaltung und mehr nicht", betonte Cronos bereits früh.[47] „Wir sind in erster Linie Entertainer – wenn ich Mörder oder Satanist sein wollte, würde ich das hauptberuflich tun, statt meinen Lebensunterhalt mit Songs zu verdienen."[48] Und Drummer Abaddon vergleicht das von Venom betriebene Spektakel und dessen Erfolg bei den Fans mit einem Zirkus:

> Wer in den Zirkus geht, mag vielleicht nicht alles, aber doch zumindest diese eine Sache – und wegen der geht man dann hin. Und ich denke, so sind wir auch! Die Leute wollen uns sehen, weil es an irgendeiner Stelle der Show etwas gibt, das sie mögen werden.[49]

Der Einfluss von Venom auf die extremen Szenen im Heavy Metal ist kaum zu hoch anzusetzen. Unmittelbar nach Veröffentlichung der ersten beiden Alben entstand in den frühen 1980ern eine ganze Reihe von jungen Bands, die Venom nacheiferten. Schock und Provokation auf der Grundlage eines satanistischen Images mit Pseudonymen, finsterer Schminke und reichlich Nieten, Leder und Spikes nach dem Vorbild der Briten wurden zu einem Leitthema in den neu entstehenden Thrash Metal- und Death Metal-Szenen Europas und Amerikas. In den USA sind als eine der wichtigsten Bands dieser Traditionslinie die 1981 in einem Vorort von Los Angeles gegründeten Slayer zu nennen. Auf ihren ersten beiden Alben *Show No Mercy* (1983) und *Hell Awaits* (1985) übernahmen sie die von Venom entwickelte plakative Schock-Bildsprache. Für Aufsehen sorgte ein frühes Promofoto, auf dem sich die Bandmitglieder blutbesudelt, mit umgedrehten Kreuzen und Pentagrammen behängt und nach dem Vorbild Venoms mit einem Arsenal von Nieten, Nägeln und Spikes bewaffnet, über eine nackte, auf einem Opferaltar liegende Frau beugen. Das Cover von *Show No Mercy* zeigt neben dem in ein Pentagramm aus Schwertern eingefügten Bandlogo eine mit einem Schwert bewaffnete Teufelsfigur mit dem inzwischen etablierten Motiv des Ziegenkopfes (▶ Abb. 8). Dass hier Venom direkt Pate standen, belegt das kleine Detail des Pentagramms auf der Stirn Satans. Die Darstellung des muskulösen, nietenbewehrten Teufels erinnert ansonsten eher an den Figurenstil in Fantasy-Comics und die kriegerisch-maskuline Bildsprache des Heavy Metal. Auch die Texte scheinen direkt von Venom beeinflusst zu sein, so schablonenmäßig abgepaust wirkt das Bild, das die Musiker in Songs wie „Evil Has No Boundaries" von sich zeichnen. Wie Venom entwickeln Slayer ein Szenario, das vor allem durch die Aneinanderreihung von Okkultem und diversen Grausamkeiten seine Wirkung entfalten soll. Im Mittelpunkt stehen erneut die Musiker selbst, wenn sie sich in Ich-Perspektive als blutdürstige, bewaffnete Diener Satans in Szene setzen:

> Satan our master in evil mayhem
> Guides us with every first step
> Our axes are growing with power and fury
> Soon there'll be nothingness left
> Midnight has come and the leather's strapped on
> Evil is at our command
> We clash with God's angel and conquer new souls
> Consuming all that we can

6 „In League with Satan": Teufelspakte und Blasphemie

Abb. 8: Auf dem Cover ihres Debütalbums *Show No Mercy* verbinden Slayer den ziegenköpfigen Teufel mit Pentagrammen und comicartigem Fantasystil.

Auch in den übrigen Songs der Platte und des Nachfolgealbums *Hell Awaits* wird ein Ich-Erzähler zum Protagonisten verschiedenster Gräueltaten: Krieg („Fight till Death"), Folter („Tormentor"), Mord („Kill Again"), sexuelle Perversion („Necrophiliac") und Okkultismus („Black Magic"). „Das Wort Satan verbreitet noch immer überall Angst und Schrecken, es ist unsere Absicht, die Leute zu schocken", meint dazu Sänger und Bassist Tom Araya.[50]

Unterstützt wird die Grenzüberschreitung durch die rasende Musik, die den chaotischen, technisch nicht unbedingt anspruchsvollen Lärm Venoms mit ansprechenden Fähigkeiten an den Instrumenten und einer nochmaligen Erhöhung des Tempos weiterentwickelt. Eine weitere Parallele zu Venom besteht in der Doppelbödigkeit des Images. Tom Araya sieht in den Teufeleien, die die Band zur Zeit der Aufnahmen pflegte, kein ernsthaftes Interesse an Satan und Satanismus. Vielmehr ging es darum, sich mittels extremer Geschwindigkeit und Härte sowie mit einem radikalen Image von den Hair Metal-Bands abzusetzen, die viele Metal-Fans der Zeit als „verweichlicht" empfanden.

> Damals stylten sich in Hollywood alle Musiker wie ihre Freundinnen, und damit konnten wir uns nicht identifizieren. Wir wollten mit dieser Hollywood-Poser-Szene nichts zu tun haben und setzten daher auf ein schwarzes, okkultes Image. [...] Das *Show No Mercy*-Cover, das erste Promofoto mit der blutbeschmierten Blondine, die LP-Seiten „6" und „66" – das waren alles kleine Provokationen, die deutlich machen sollten, dass wir keine Hollywood-Poser waren. Alles, was unser Image angeht, wurde hauptsächlich aus diesem Grund gemacht [...] Wir haben immer versucht, einen Schritt weiter zu gehen als alle anderen. Inzwischen gibt es Bands, die wiederum versuchen, extremer zu sein als wir, und so schaukelt sich das ganze Spielchen hoch.[51]

In einem Statement von Gitarrist Jeff Hanneman deutet sich, wie schon bei Black Sabbath, außerdem eine gewisse Faszination für die Nachtseiten des Lebens – Tod, Teufel, Verbrechen – an. Nicht das als langweilig empfundene Alltägliche, sondern die Schattenseiten sind für die jungen Musiker interessant:

> Wir trinken Bier, haben Spaß, hängen mit Mädels rum und so weiter. Slayer auf und hinter der Bühne sind ja die gleichen Leute, für mich ist es aber einfach interessanter, über die böse Scheiße zu schreiben, als über Liebe oder Partys oder so etwas.[52]

Zwischen Ich-Erzähler in den Texten und realer Erzählerpersönlichkeit existiert also auch bei Slayer eine Distanz, die in Interviews klar thematisiert wurde: „Wir wurden schon Satanisten, Nazis, Serienmörder oder was auch immer tituliert. Aber das sind wir im wahren

Leben nun mal wirklich nicht. Das sind einfach nur Themen die wir behandeln."[53] Abseits der Bühne finden sich hinter dem Kunstblut, der Schminke und den Spikes gewöhnliche Musiker, die im Falle von Tom Araya, einem überzeugten Katholiken, in ihrem Privatleben Ansichten vertreten, die konträr zu den besungenen Ideen stehen. Dass die Figur des Provokateurs tatsächlich nur eine Rolle ist, wird deutlich, wenn Tom Araya seine Herangehensweise an die offen blasphemischen Texte der Band erklärt:

> Mit vielen Texten von Kerry [King, Slayer-Gitarrist] gehe ich nicht konform, aber mein Glaube ist sehr stark, und Worte können ihm nichts anhaben. Und um mehr geht es hier nicht: Es sind Worte, die eine andere Person verfasst hat. Ich kann sie dennoch mit echter Leidenschaft rüberbringen. Genau wie ein Schauspieler, der ein Drehbuch zum Leben erweckt.[54]

Auch in Deutschland formierten sich um 1983 neue Bands mit dem Ziel, härter, schneller, extremer als ihre Vorbilder zu sein. Unter den deutschen Pionieren sind zuvorderst Sodom aus Gelsenkirchen zu nennen. Der direkte Einfluss von Venom lässt sich auf frühen Bandfotos nachweisen. So posieren die jungen Musiker in Leder, Spikes und mit pechschwarz umrandeten Augen. Aus der Outlaw-Bikerszene stammen die Patronengürtel, mit denen die Band Wehrhaftigkeit und Militanz demonstriert. Lemmy Kilmister von Motörhead, ein weiteres großes Vorbild von Sodom, hatte die „bullet belts" über die Hell's Angels kennengelernt und als – heute klassisches – Modestatement für Hard Rock und Metal etabliert. Auch Sodom setzten auf Pseudonyme: „Angel Ripper" (Thomas Such), „Witchhunter" (Christian Dudeck) und „Grave Violator" (Josef Dominic). Der Sound der Band war ähnlich roh wie Venoms erste Platten und die Texte genauso plakativ: Auch Sodom inszenieren sich als Diener Satans und Feinde Gottes. Der Hinweis auf die *Satanische Bibel* darf dabei ebenso wenig fehlen wie Anspielungen auf schwarze Messen. Das Stück „Blasphemer" von der Debüt-EP *In the Sign of Evil* (1984) zeigt weiterhin, wie der von Venom eingeführte Begriff „Black Metal" um 1984 beginnt, sich als feststehende Genre-Bezeichnung zu etablieren:

> Black metal is the game I play
> 'Cause no one show me the right way
> I am a bloody Antichrist, only believe in bad
> Spit at the church, evil I get
>
> Blasphemer
> Rites of death, return to Hell
> I am Satan's child, attack with spell

Vielleicht den neben Venom größten Einfluss auf den satanischen Heavy Metal übte die schwedische Band Bathory aus. Unüberhörbar und unübersehbar von Venoms Krawall-Satanismus beeinflusst, startete die nach der legendären ungarischen „Blutgräfin" Erszébet Báthory (1560–1614) benannte Band im Jahre 1983 mit einem extrem rohen, primitiven Sound, der oft als „Venom-Klon" belächelt wurde. Nicht zuletzt identische Songtitel wie „Countess Bathory" oder „Raise the Dead" illustrieren den Einfluss Venoms auf die Schweden. Der bei der Gründung der Band 17-jährige Tomas Forsberg, der über lange Jahre als einziges Mitglied Bathorys agierte, setzte auf ein plakativ satanistisches Image mit antichristlichen Texten und okkulter Bildsprache. Auf frühen Promofotos posiert Forsberg umgeben von Pentagrammen, Kerzen, mit Nieten und Leder ausstaffiert und mit Blut besudelt. Auch er trat unter okkultistisch inspiriertem Pseudonym auf, als „Quorthon". In einem späteren Interview erinnert er sich an die Gründe für die Namenswahl:

> Es war im Winter 1983/1984 – ich las dieses Buch über satanische Rituale und so –, dass ich über eine Liste mit seltsamen Namen stolperte. [...] Am Ende der Liste standen offenbar auch ein paar Namen von dunklen Prinzen, die aus dem Himmel verbannt worden seien und nun im Dienste Satans stünden. Diese Typen waren angeblich die obersten Fürsten der Finsternis und des Bösen, dazu bestimmt, an der Seite von Lord Satan in der letzten Schlacht zwischen den Mächten des Lichts und der Finsternis zu kämpfen oder so ähnlich. Bei einem Namen blieb ich stehen und spürte instinktiv, dass es der richtige war. Und dieser Name war Quorthon.[55]

Dass bei der Wahl der Pseudonyme nicht nur okkultes Interesse eine Rolle spielte, sondern es sich auch um einen Spaß auf Kosten anderer schwedischer Bands der Zeit handelte – die oft amerikanische Pseudonyme annahmen, um internationaler zu wirken –, zeigt, dass Quorthon seine Band selbst wesentlich weniger ernst nahm als viele seiner Fans:

> Das Humorlevel war bei Bathory schon damals sehr hoch. Schon die erfundenen Namen, die wir uns aufgrund der albernen Namen zulegten, die andere „ernsthafte" Bands für sich gewählt hatten, beweisen, dass wir in jenen Tagen kein bisschen todernst oder überheblich waren.[56]

In musikalischer Hinsicht wirken die frühen Bathory-Alben auch heute noch extrem. Rasendes Tempo, kehliger, gekeifter Gesang und eine rohe Produktion sind die stilistischen Merkmale, die zahlreiche andere Bands bis in die Gegenwart unüberhörbar beeinflussen. Eines der populärsten visuellen Motive des satanischen Metal griffen Bathory mit ihrem selbstbetitelten Debütalbum aus dem Jahr 1984 auf: Der ikonische Ziegenkopf ist die retouchierte Version einer Illustration des amerikanischen Künstlers Joseph A. Smith. Smith hatte den Ziegenbock für das 1981 erschienene Buch *The Witches* geschaffen, eine halb-fiktionale, feministisch geprägte Darstellung der Geschichte der Hexen der New Yorker Bestsellerautorin Erica Jong. Dass der Ziegenkopf auf der Erstauflage des Bathory-Albums gelb war, war laut Quorthon nicht beabsichtigt:

> Ich hatte in einem satanischen Buch gelesen, dass Gold und Silber die satanischen Farben sind, also wollte ich den Geißbock und das Logo in Gold haben, aber dies war dem Label zu teuer. Also druckten sie es in Gelb, weil das Gold am nächsten kam. Doch es sah dann mehr nach Bananen aus.[57]

In lyrischer Hinsicht bewegten sich Bathory auf dem nunmehr genreüblichen satanischen Spektrum: Texte über Rituale, Schlachten gegen das Himmelreich, Mord und Totschlag. Als charakteristisches Beispiel mag hier der Text zu „In Conspiracy with Satan" dienen, der einmal mehr das Motiv des frevlerischen Teufelsbündners aufgreift:

> The lies of Christ will lose
> The ways of hell I chose
> I drink the floating blood
> Defy the fury of God
>
> I have turned my back on Christ
> To hell I have sacrificed
> I have made love to the Pagan Queen
> The gates of hell I have seen [...]
>
> In conspiracy with Satan

Solche plakativ blasphemischen, gezielt provokanten Texte und die extreme musikalischen Ausrichtung machten Bathory zu einer der respektiertesten Bands der Szene. Doch schon die verschiedenen Interviewaussagen Quorthons deuten an, dass die wahre Motivation der Band weitaus weniger sinister war, als es viele Fans wahrnehmen wollten. Ähnlich wie bei Venom oder anderen frühen okkulten Extrem-Metal-Bands scheinen auch bei Bathory ein jugendlicher Sturm-und-Drang und der Wunsch, gegen moralische und musikalische Normen zu verstoßen, der maßgebliche Antrieb gewesen zu sein. Der Teufel und seine Bildsprache dienten lediglich als Motive, um die in der rohen Musik betriebene Normüberschreitung visuell und ideologisch stimmig zu ergänzen:

> Bathory versuchten bloß, interessanten Metal zu machen und in eine bildhafte Sprache zu kleiden. Jedes Album war ganz oder in Teilen in eine Atmosphäre gehüllt, die als Form der Unterhaltung und Kunst das Eintauchen in die Welt, die Dimension oder die Szenerie der Texte erleichtern sollte.[58]

Was sich bei Venom und den satanischen deutschen Thrash-Metal-Bands der ersten Generation schon abzeichnete, wird bei Bathory deutlich ausgesprochen: der Teufel als Gegenstand einer „Wortmalerei" („bildhafte Sprache", im Original *to paint with words*), die dem Hörer den Einstieg in die klangästhetisch extreme Musik der Band erleichtern sollte. Es galt, ein möglichst stimmiges Gesamtkunstwerk aus dunklen Klängen, unheimlichen Artworks und finsteren Texten zu präsentieren. Die Figur des Teufels und satanische

Bildsprache werden ein bloßes Stilmittel, das die provozierende Intention der Bands effektiv ins Ziel bringen soll. Auch eine Aussage von Venoms Gitarrist Mantas belegt dies: „Wir gebrauchen das satanische Thema, weil wir glauben, dass es zu unserer Musik passt. Wenn Satan auf die Erde kommen würde, dann hätte er bestimmt einen Sound wie wir."[59] Eine ernsthafte Auseinandersetzung mit okkulten Systemen hat in der Regel nicht stattgefunden. Larry Lalonde, ehemaliger Gitarrist der amerikanischen Death Metal-Pioniere Possessed und Mitschöpfer von in Szenekreisen anerkannten satanischen Klassikern wie „Satan's Curse", „Evil Warriors", „Pentagram" oder „Burning in Hell", bringt die Haltung der Bands zum Teufel pragmatisch auf den Punkt: „Es ist nur ein Image – es verkauft sich. Man muss schon völlig beknackt sein, um an diesen ganzen Teufelskram zu glauben."[60]

Die Strategie, mit dem Teufel auf ästhetische Schockeffekte zu zielen, wurde in den frühen 1980er Jahren zu einer der erfolgreichsten Methoden, einem Bandimage einen interessanten Twist zu verpassen. In der Folge setzten auch zahlreiche gemäßigtere und verkaufsstarke Bands der Szene auf verschiedene satanische Geschmacklosigkeiten, um sich im inzwischen stark boomenden Markt eine Nische zu schaffen. Neben Mötley Crües „Shout at the Devil" von 1983 liefern die True-Metal-Koryphäen Manowar aus Auburn, New York, ein bekanntes Beispiel. Kreisen ihre Texte und Image ansonsten um klassische Heavy-Metal-Themen wie barbarische Krieger im Stile der Fantasy-Literatur oder glorifizierende Darstellungen der Band und ihrer Fans, setzen Manowar mit dem Song „Bridge of Death" (1984) hingegen auf die von Venom popularisierte Ich-Perspektive mit einem drastischen Teufelspakt. Der Song erreicht seinen Höhepunkt in einer Anrufung Satans, in der sich der Protagonist als „böser als der Teufel" bezeichnet, bevor er einen Bund mit Satan eingeht und ihm seine Seele hingibt:

6 „In League with Satan": Teufelspakte und Blasphemie

> Dark Lord, I summon thee
> Demanding the sacred right to burn in hell
> Ride up on hell's hot wind
> Face one more evil than thou
> Take my lustful soul
> Drink my blood as I drink yours
> Impale me on the horns of death
> Cut off my head, release all my evil
> Lucifer is king, praise Satan!

Die grausame Aufforderung zur eigenen Enthauptung mit dem anschließenden Bekenntnis „Lucifer is king, praise Satan!" entspricht exakt den etablierten satanischen Schockelementen, die auch hier eher in Richtung Horrorfilm weisen, als dass sie von ernsthaftem spirituellen Interesse zeugen. So ist es auch nicht weiter überraschend, dass die Musiker von Manowar, auf diese Texte angesprochen, reichlich lakonisch antworten: „Weißt du, es sollte halt cool klingen."[61]

7
„Livin' Easy, Lovin' Free": Outlaws und Hexen

> Outlaw – in the heavens and so alike on earth
> Outlaw – in spirit and so alike in flesh
> Wild Ones! From churning chasms of anarchy
> Defiant we proclaim our liberty
>
> Watain, „Outlaw", 2013

Bildeten Venom, Bathory und Slayer in den 1980er Jahren die satanische Speerspitze musikalischer Härte und textlicher Blasphemie, etablierte sich im Mainstream harter Rockmusik eine weitere, gegenläufige Erzählung des Teuflischen. Fernab von schwarzen Messen, okkulten Riten und bluttriefendem Horror-Brimborium diente der Teufel dennoch dazu, mit Grenzen zu spielen. Als Ikone eines freien, selbstbestimmten Lebens jenseits konservativer Moralvorstellungen steht er hier im Mittelpunkt eines lebensfrohen Kosmos aus Sex, Drugs und Rock 'n' Roll. Er positioniert sich als Outlaw und Rebell außerhalb bürgerlicher Normen. Gerade das macht ihn auch für marginalisierte gesellschaftliche Gruppen spannend.

Als bekanntestes Beispiel für diese große Erzählung können die australischen Hard Rock-Superstars von AC/DC mit ihrem Hit „Highway to Hell" dienen:

> Livin' easy, lovin' free
> Season ticket on a one way ride
> Askin' nothin', leave me be
> Takin' everythin' in my stride
> Don't need reason, don't need rhyme
> Ain't nothin' that I'd rather do

> Goin' down, party time
> My friends are gonna be there, too
>
> I'm on the highway to hell
> On the highway to hell
> Highway to hell
> I'm on the highway to hell
>
> No stop signs, speed limit
> Nobody's gonna slow me down
> Like a wheel, gonna spin it
> Nobody's gonna mess me around
> Hey Satan, payin' my dues
> Playin' in a rockin' band
> Hey mumma, look at me
> I'm on the way to the promised land

Der Text ist weder blutig noch grausam und schockiert auch nicht mit drastischem Vokabular oder okkulten Versatzstücken. Dazu passt der gutgelaunte, stampfende 4/4-Takt mit seinem begeisternden Groove und die blitzschnellen bluesigen Soli von Gitarrist Angus Young. Daher wirkt es zunächst umso überraschender, dass auch die 1974 gegründeten AC/DC zu den ersten Bands gehörten, die mit Satanismusvorwürfen aus dem fundamental-christlichen Lager konfrontiert waren. Ähnlich der irrwitzigen Deutung des Bandnamens Kiss als „Knights in Satan's Service" gab es Versuche, den Namen AC/DC aufgrund obigen Textes als „Anti-Christ/Death to Christ" zu deuten. Dass AC/DC im angloamerikanischen Sprachraum tatsächlich die Abkürzung für „Gleichspannung/Wechselspannung" ist, ließen solche Stimmen trotz offensichtlicher Symbolik, etwa ein Blitz im Bandlogo oder ein Albumtitel wie *High Voltage* (1976), nicht gelten.

Wasser auf diese Mühlen stellte auch das Cover der gleichnamigen Platte *Highway to Hell* (1979) dar (▶ Abb. 9). Das Artwork zeigt die Mitglieder der Band vor neutralem Hintergrund. Von rechts unten deutet sich jedoch ein rotes Glühen an. Im Bildmittelpunkt posiert Gitarrist Angus Young in Schuluniform. Unter seinem Schulerkäppi ragen zwei Hörner hervor und in seiner Rechten hält er einen

7 „Livin' Easy, Lovin' Free": Outlaws und Hexen

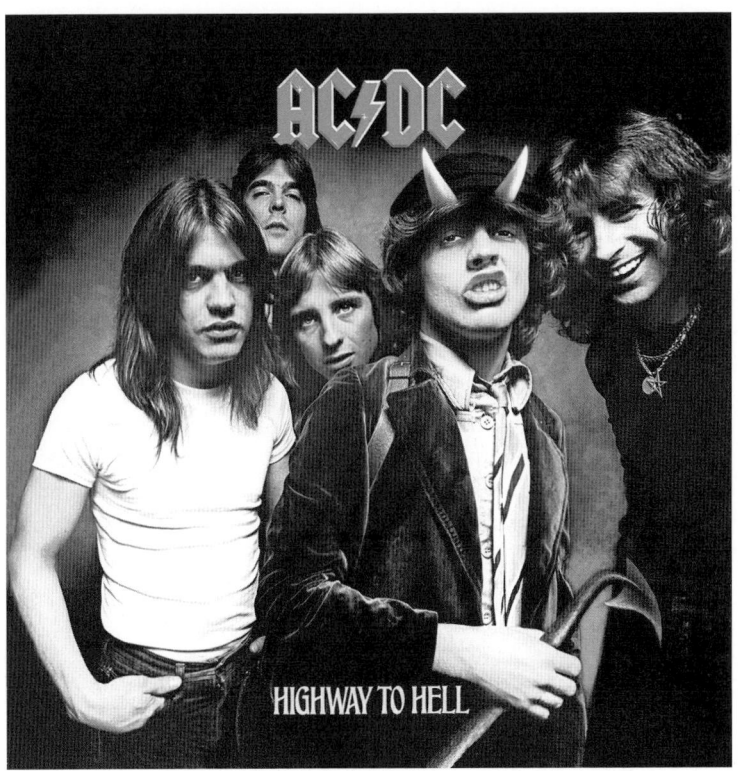

Abb. 9: Teuflisch böse Buben. AC/DC auf dem *Highway to Hell*.

drachenähnlichen Teufelsschwanz. Sänger Bon Scott, der lachend am rechten Bildrand steht, trägt um den Hals eine Kette mit Pentagramm, die nachträglich per Fotomontage ins Bild gesetzt wurde. Der bodenständige, raubeinige Sänger, der Zeit seiner Karriere als Inbegriff der Herkunft der Band aus der Arbeiterklasse stand, wollte mit derartigem okkulten Nonsense nichts zu tun haben. Das Bild stellt einen harten Kontrast zu den vor satanischer Symbolik strotzenden Inszenierungen auf den Covern von Bands wie Slayer oder Venom dar. Die Band, die sich mit Ausnahme von Angus Youngs charakteristischer Schuluniform in Straßenkleidung präsentiert, reichert ihr Straßenjungen-Image hier lediglich um eine witzige teuflische Komponente an, die den Ruf AC/DCs als „böse Jungs" zusätzlich betont. Dass man sich dabei nicht zu ernst nimmt, unterstreichen die Grimassen und lachenden Gesichter, die sich ironisch über die aufgesetzte „Bosheit" anderer zeitgenössischer Rockbands lustig machen.

Vor allem die Züge einer Parodie auf Grundlage von Elementen teuflischer Bilderwelten erinnert an das frühneuzeitliche Narrenwesen. Es handelt sich um einen karnevalesken Umgang mit dem Teufel. Dabei geht es weniger ums Schockieren als darum, die Laster der Gesellschaft satirisch offenzulegen und ihr einen Spiegel vorzuhalten. Dass für die Rockstars AC/DC diese Laster eigentlich Tugenden eines erfüllten Lebens darstellen, stellt die kirchliche Sündenlehre auf den Kopf, wie es für Rockmusik und speziell den Heavy Metal charakteristisch ist. Es handelt sich auch hier um eine Arbeit am eigenen Image – über die möglichst authentische Aneignung des gesellschaftlich Geächteten.

Der Text von „Highway to Hell" passt zu diesem augenzwinkernd-rebellischen Bild, das die Band auf dem Cover des Albums von sich zeichnet. Es ist im Wesentlichen ein gut gelauntes Loblied auf das nonkonforme, von wilden Partys und freier Liebe geprägte Leben eines Rockmusikers. AC/DC beziehen sich auf traditionelle christliche Vorstellungen von Himmel und Hölle und wählen dabei ironischerweise den „breiten Weg",[62] der laut populärer christlicher Vorstellung ins ewige Feuer, nach Deutung der Band hingegen ins „gelobte Land" führt. Dort erwarten den Erzähler nicht nur eine gigantische Party, sondern auch viele seiner Freunde. Das Paradies ist kein Jenseits. Im Hier und Jetzt, vor dem ohnehin unausweichlichen Tod, soll die Lust am selbstbestimmten Leben gefeiert werden.

Gleichzeitig ist es ein Vergänglichkeitslied – auch dies entspricht der Rolle des Narren, die AC/DC annehmen. In der zur Schau gestellten Lebensfreude wird das Jenseitige bereits mitgedacht. Dennoch: In

Form einer regel- und zügellosen Hölle mit allen Freiheiten, die man sich wünscht, hat das Reich des Teufels jeden Schrecken verloren. Die Hölle ist kein schlechter Ort, wie es AC/DC etwa auch in ihrem Song „Hell ain't a Bad Place to be" feststellen – vor allem, weil man hier den Teufel in sich selbst wunderbar herauslassen kann:

> Sometimes I think this woman is kinda hot
> Sometimes I think this woman is sometimes not
> Puts me down, fools me around
> Why she do it to me?
> Out for satisfaction, any piece of action
> That ain't the way it should be
>
> She needs lovin'
> Knows I'm the man
> She's gotta see
> Pours my beer
> Licks my ear
> Brings out the devil in me
> Hell ain't a bad place to be [...]
>
> Don't mind her playin' demon
> As long as it's with me
> If this is hell
> Then let me say
> It's heavenly
> Hell ain't a bad place to be

Die bejahende Verwendung des Höllenbegriffs in solchen Songs erinnert auch hier an das aus dem Karneval bekannte Motiv der verkehrten Welt, in der sich in weltlichen Begierden zumindest zeitweise das Reich des Teufels vergegenwärtigt. Zusätzlich nutzen AC/DC wiederholt das Motiv „teuflischer" Frauen, die den Protagonisten mit ihren Reizen manipulieren und zwischen Himmel und Hölle taumeln lassen („Don't mind her playin' demon / As long as it's with me"), oder das Motiv des fahrenden, außerhalb gesellschaftlicher Normen stehenden Musikers („Hey Satan, payin' my dues / Playin' in a rockin' band"). Beides sind traditionelle Bilder aus dem Blues und dem frühen Rock 'n' Roll der 1950er und 1960er Jahre, die der weiße Hardrock der 1970er Jahre in den Heavy Metal transportiert. Dass diese Motive gerade bei AC/DC auftauchen, ist kein Zufall. Denn auch musikalisch stehen AC/DC unter dem Einfluss von Bluesmusikern wie B. B. King oder vom Delta Blues inspirierten frühen Rock 'n' Roll- und Rhythm 'n' Blues-Künstlern wie Chuck Berry, Little Richard oder Fats Domino. Und auch deren zentrale textliche Motive nehmen AC/DC auf und stellen sie in den Kontext ihrer Lebenswelt. Nicht mehr die Religiosität der frühen Baptistengemeinden und rassistische Unterdrückung bilden deren Pole, sondern die Identität eines modernen Rockstars zwischen Hotel, Konzerthalle, After-Show-Party und Heimweh.

Ironischerweise stehen die bodenständigen, raubeinigen AC/DC – ohne es je darauf angelegt zu haben – modernen satanistischen Systemen wie dem antibürgerlichen „Tu, was Du willst"-Credo von Anton LaVeys' kalifornischer Church of Satan dennoch wesentlich näher als Bands wie Venom, Demon oder Black Sabbath. Während die teuflische Bildsprache letzterer im Wesentlichen der Fantasie entsprungen war, war bei AC/DC der nach einem Alkoholexzess früh verstorbene Sänger Bon Scott mit dem Ich-Erzähler seiner Texte weitgehend identisch: Er lebte die besungenen „höllischen" Partys, den Sex, den Alkohol, den Exzess.

Der Teufel als Ausgestoßener des Himmels gerät hier zum modernen Outlaw auf dem Highway in die Hölle – zur Symbolfigur eines Lebens außerhalb gesellschaftlicher Normen. Auch aus dieser Lesart des Teuflischen, wie sie AC/DC als ein Beispiel von zahlreichen Hardrockern schon in den 1970er Jahren darstellten, führt eine Spur in den Metal der 1990er und der Gegenwart. Vor allem in den härteren Subgenres des Death Metal und des satanistischen Black Metal gewinnt die Figur des „Outlaws" Luzifer eine enorme Strahlkraft. Luzifer ist Symbolfigur eines selbstbestimmten Lebens jenseits kirchlicher und gesellschaftlicher Dogmen und damit eine Ikone der Freiheit. Wenn Bands wie die schwedischen Death 'n' Roller The Crown

7 „Livin' Easy, Lovin' Free": Outlaws und Hexen

im Jahr 2000 Luzifer als „Rebel Angel" besingen, geschieht das aus einer recht säkularen Perspektive, wie sie AC/DCs Bon Scott so überzeugend vorgelebt hat. Von Weihrauch und okkultem Spektakel keine Spur. Der „Rebel Angel" versprüht Straßencharme. Man wird weniger an satanistische Systeme erinnert als an Outlaw-Biker-Gangs wie die Hell's Angels. Es ist zwar eine radikalere, an den blasphemischen Konventionen der Death- und Black Metal-Szenen geschulte Sprache, doch die Message ähnelt AC/DC. Auch hier begibt sich der Ich-Erzähler lustvoll auf den Weg in die Hölle, kümmert sich einen Dreck um gesellschaftliche und kirchliche Vorstellungen von Sünde und Unterordnung:

> Inhale glory, exhale fear – no God or master to make me kneel
> Inhale courage, explode force – I am Lord I break your laws
> I raise my fist in blasphemy, with the sign of the horns – in praise of the rebel angel
> Who stood proud, stood strong, alone, against God […]
>
> I take pleasure, the forbidden fruits – you fear my freedom and call me evil
> Inhale darkness, feel the strength: every wound just makes me harder
> I am demon, burning feathers – the wings of my soul turn into leather
> Inhale vengeance, feed the flames: howling in hatred, screaming in hell
> You cannot control me, I'm so much stronger
> I'm your enemy, I'm your Satan – and this fire burns deeper than you'll ever know!

Dass sich die weltliche Outlaw-Attitüde und satanistische Spiritualität aber keineswegs ausschließen, zeigten zuletzt Watain. Als wohl populärste ernsthafte Black Metal-Band des letzten Jahrzehnts erspielten sich die Schweden mit einem konsequenten und kontroversen satanistischen Image zunächst in der Undergroundszene, bald aber auch im breiteren Metal-Mainstream – bis hin zu Konzertvideos auf *ARTE* – ein Renommee, das für derart drastische Kunst überrascht. Watain verkörpern mit aufwändigen Bühnenshows voller Feuer, Blut und Höllenikonografie und einer kompromisslosen Selbsterzählung in Interviews oder im Netz das Outlaw-Image auch über die Musik hinaus. Der von der Band propagierte „orthodoxe" Satanismus vereint sich mit Außenseitertum und traditionell männlichen Werten von Kameradschaft, Loyalität, körperlicher Stärke und teils auch Gewaltbereitschaft. Die Nähe der satanistisch fundierten Unangepasstheit der Band zu verschworenen Biker-Gangs illustrieren auch die an Bikerclub-Uniformen erinnernden Outfits. Die Band tritt meist einheitlich auf, mit identischen Aufnähern und dazu passenden Merchandise-Linien, in deren Zentrum die Figur des Wolfs steht – in doppelter Bedeutung als traditionell mit dem Teufel assoziiertes Tier und als nach eigenen Regeln lebendes Rudel. Watains für den aktuellen Black Metal stilprägende teuflische Erzählung zeigt sich im Song „Outlaw" von 2013 in der klarsten Form. Freiheit, Anarchie und Widerständigkeit bis zum Tod – so die Story, mit der Watain sich in das Narrativ des großen Widersachers einschreiben.

In den teuflischen Erzähltraditionen des Heavy Metal und Hard Rock haben unter den schlüpfrigen Stories von exzessiver Lust, libertärem Leben und sexueller Unangepasstheit aber auch problematische Narrative in den Metal der Gegenwart gefunden. So bildet seit dem Blues der 1920er Jahre, vermittelt über den Rock 'n' Roll der 1950er und 1960er Jahre das misogyne Narrativ der sündigen Frau den Kern hunderter Songs. Das Motiv des teuflischen, verführerischen und dabei Verderben bringenden Weiblichen ist dabei so selbstverständlich in die Ideenwelt von Heavy Metal und Hard Rock eingegangen, dass erst jüngst eine längst überfällige, intensiver geführte Debatte um toxische Männlichkeiten und Sexismus in der Rock- und Metal-Branche einsetzte. Anlass dafür waren *#metoo* und die aktuellen Diskussionen über mutmaßlichen sexuellen Missbrauch bei international erfolgreichen Metal-Bands wie Rammstein und Marilyn Manson.

Denn die Traditionslinie der Objektivierung von Frauen zu diabolischen Widersacherinnen im Storytelling von Metal- und Rockmusikern ist lang. Schon Gene Vincent singt 1956 über seine betrügerische, teuflische „Jezebel": „If ever the devil was born / Without a pair of horns / It was you, Jezebel it was you". Gleich mehrere Beispiele liefert Elvis Presley. „Devil in Disguise" greift 1963 das Thema der betrügerischen Frau als Unglück des Mannes auf und im gleichen

Jahr sah Elvis sogar Hexerei am Werk, wenn er sich in „Witchcraft" beklagt: „My head is spinning around and around / Your witchcraft has got me".

Eben die letzte Assoziation der teuflischen Frau mit Hexerei weist auf ein gefährliches Narrativ der christlichen Kulturgeschichte hin, das sich auch im Storytelling des Heavy Metal bis heute verfestigt hat. Begonnen mit der Vorstellung von Eva, die von der Schlange verführt die Sünde in die Welt brachte, führte das Narrativ der vom Teufel verführten und zugleich den Mann verführenden Frau Jahrhunderte lang zu Marginalisierung und Stigmatisierung, auch über das christliche Europa hinaus. Ihren katastrophalen Tiefpunkt erreichte die Assoziation des Weiblichen mit dem Triebhaften, dem Sündigen und Teuflischen in den Hexenverfolgungen der frühen Neuzeit. Bis heute bedient die angebliche Komplizenschaft des Weiblichen mit dem Teufel einen männlichen, sexualisierenden Blick (*male gaze*), der das Nichtmännliche als das fremde Andere wahrnimmt. Die Frau erscheint darin exotisch und erotisch verführend, aber oft auch bedrohlich. Das gilt besonders für die nach wie vor – vor allem auf den Bühnen – männlich dominierte Kultur des Heavy Metal mit seinen Rollenbildern heroischer Kämpfer, kriegerischer Konflikte und seinen im Death Metal und Porngrind verbreiteten misogynen Gewaltfantasien.

Doch das Motiv der teuflischen Frau verfügt in Heavy Metal und Rockmusik auch über emanzipatorisches Potenzial. Besonders in Gestalt der machtvollen, bedrohlichen Hexe gibt es eine ganze Reihe von Überschneidungen mit dem Feminismus. Und nicht nur neuheidnische Esoterikszenen, sondern eben auch die jüngeren Frauenbewegungen seit den 1970er Jahren eigneten sich die Figur der Hexe in diesem Sinne an. „Zittert, zittert, die Hexen sind zurück" (*Tremate, tremate, le streghe son tornate*), skandierten etwa italienische Feministinnen 1978 in Straßenprotesten gegen ein neues Abtreibungsgesetz. Im angloamerikanischen Raum machten Ökofeministinnen und Neuheidinnen die Hexe zur Symbolfigur weiblichen Aufbegehrens gegen Jahrhunderte patriarchaler Unterdrückung. Zuletzt demonstrierten etwa auch 2017 in Paris Frauen in schwarzen Hexenkostümen für ein Recht auf sichere Abtreibung.

Eine feministische Rezeption des Narrativs der teuflischen, bedrohlichen Frau durch Künstlerinnen oder Fans findet im Heavy Metal bislang allenfalls oberflächlich statt. Ein aktuelles Beispiel bietet die populäre Heavy Metal-Band Burning Witches, bestehend aus fünf Musikerinnen aus der Schweiz und den Niederlanden. Schon der Bandname – brennende Hexen – greift das Thema der Hexenverfolgungen auf und deutet es affirmativ um. Auch im gleichnamigen Titelsong des Debütalbums identifizieren sich die Musikerinnen erzählerisch mit den verfolgten und brennenden Hexen.

> So come and chase me through the woods
> Your prayers and words to God will be unheard
> So chase me and my own kind
> Burn the witches, burn the witches, burn the witches
> But the fear remains in your head
>
> Hater, grudger, pretender
> Meticulous, fearfully easy prey
> Use your insecurity as an excuse
> To put those strangers in the pillory [...]
>
> We are the burning witches!

Der Song formuliert eine Opposition zu dem – mutmaßlich – männlichen Verfolger und seinem mit Mistgabeln bewehrten Mob. In einem Schlüsselvers des Songs weisen Burning Witches auf die „Unsicherheit", die Schwäche und Angst als Motivation des Hexenjägers hin. Dabei äußern sich auch allgemeine antiautoritäre Haltungen der breiteren Metal-Szene, etwa gegen eine als heuchlerisch empfundene Kirche. Am Ende noch einmal die Selbstbestätigung, die zugleich als Selbstermächtigung zu lesen ist: „Wir sind die brennenden Hexen!"

8
„South of Heaven":
Schockierende Sozialkritik

Trapped in purgatory
A lifeless object, alive

Slayer, „Raining Blood", 1986

Schon auf den ersten Alben von Black Sabbath erscheint der Teufel nicht nur als Schauerfigur. Vor dem Hintergrund des okkulten Images, das die Plattenfirma und die Presse um die Band aufbaute, wurde oft übersehen, wie die Verweise der Band auf das Satanische stets auch sozialkritische Botschaften transportierten. Ausgerechnet in „Lord of this World" (1979), einem Song, welcher der Band oft irrtümlich als Beweis für ihre satanistischen Überzeugungen vorgehalten wurde, tritt dies am deutlichsten zu Tage.

Your world was made for you by someone above
But you chose evil ways instead of love
You made me master of the world where you exist
The soul I took from you was not even missed

Lord of this world – Evil possessor
Lord of this world – He's your confessor now

You think you're innocent you've nothing to fear
You don't know me you say, but isn't it clear?
You turn to me in all your wordly greed and pride
But will you turn to me when it's your turn to die?

Dass die Band hier keine Identifikation mit dem Teufel anbietet, ist offensichtlich. Vielmehr wird dem furchterregenden „Herrn dieser Welt" ihr ganzes Elend, Gier, Stolz, Kapitalismus zugeschrieben. Bassist Geezer Butler bestätigt diese sozialkritische Lesart, die er als Kommentar zum Zustand der Welt versteht: „In ‚Lord of this World' ging es um Satan. Denn wie es damals auf der Welt zuging, war es nicht Gottes Welt, es war Satans Welt – und das ist sie noch heute."[63]

In Stücken wie „Lord of this World" begründeten Black Sabbath eine sozialkritische Erzählung, die das Teuflische im Heavy Metal in den folgenden Jahrzehnten prägen sollte: Satan als Widersacher und Feind des Menschen, wie es vor allem seine alttestamentarische Tradition vorgibt. Ähnlich wie Satan für das grenzenlose Leid Hiobs verantwortlich zeichnete, den er nach einer Wette mit Gott mit allerlei Leid und Unglück überschüttete, um ihn vom Glauben abzubringen, steht er nun hinter den Übeln der modernen Welt, Leid, Krieg und Tod. Die Personifikation menschlichen Elends in der Figur des Teufels erlaubt Bands dabei eine Reihe wirkungsvoller Erzählungen: Politiker als Diener des Teufels, die die Welt verderben, wie es Black Sabbaths „Lord of this World" andeutet, apokalyptische Szenarien als Teufelswerk, die Umweltverschmutzung und in den Achtzigerjahren die Sorge vor der nuklearen Vernichtung thematisierten, oder gar die vollständige Gleichsetzung der Erde mit dem Reich des Teufels.

Die Verweltlichung des Teufels, um Krieg, Not, Elend oder Verdruss an der Politik zu verbildlichen, deutet sich bereits in der New Wave of British Heavy Metal an, etwa bei den 1979 in Newcastle gegründeten Satan. Der plakative Bandname, ominöse Songtitel und finstere Coverartworks weisen deutlich auf die Nähe zur Bild- und Textsprache Black Sabbaths hin. Während in Texten wie „The Executioner" noch die schauerlich-blutige Inszenierung eines Hammer-Horror-Filmes nachgeahmt wird, manifestiert sich das Unheimliche und Fürchterliche, das sich im Artwork und Bandname andeutet, auch in weltlichen Themen. Gerade der auf den Coverartworks der Band immer wiederkehrende Atompilz – etwa auf dem *Into the Fire*-Demo von 1982 – deutet eine Furcht vor der Apokalypse an, die nicht mehr mittelalterliche Züge von Höllenfeuer und Antichrist trägt, sondern der nuklearen Vernichtung in der Zeit des kalten Krieges gilt. Auch ein genauerer Blick auf die Texte der Band offenbart die sozialkritische Wendung teuflischer Erzählungen: So handelt „Trial by Fire" nicht etwa von einem Hexen- oder Ketzerprozess, wie es sich genretypisch vermuten ließe, sondern von der Zerstörung Hiroshimas.

Auf ihrem Album *Suspended Sentence* aus dem Jahr 1987 inszeniert die Band den namensgebenden Satan direkt im Coverartwork. Dargestellt ist eine Hinrichtungsszene. An einem Galgenstrick baumelt ein junger Mann, der aufgrund der langen Haare, der Jeansweste und nicht zuletzt des Satan-Bandshirts als Fan zu erkennen ist. Den Strang um den Hals der Leiche hält ein als Teufel dargestellter Henker, zu erkennen an seinen Hörner, den glühenden Augen und nicht zuletzt der Schlange, die sich um den Strick windet. Der Teufel wird hier also zur Symbolfigur für Unrechtsjustiz und Unterdrückung von Andersdenkenden (dem Heavy Metal-Fan am Galgen). Insbesondere die Kombination von Todes- mit Teufelsikonografie ist charakteristisch für diesen Erzählstrang, der Satan als Mittel für politische und soziale Kritik nutzt. Die Verbindung der Motive Tod und Teufel ist in ihrem Kern sehr alt, ihre früheste Quelle findet sich bereits im Alten Testament: „Durch den Neid des Teufels kam der Tod in die Welt". Die traditionellen Erzählkulturen in Europa, aber auch die christliche Bildkunst verwendete die Figuren eines personalisierten Todes und des Teufels häufig als gegeneinander austauschbare Widersachergestalten.

Vor allem der Thrash Metal in der zweiten Hälfte der 1980er Jahre erzählt diese sozialkritische Motivlinie weiter. Thrash Metal (von *to thrash* – dreschen) begann sich etwa um 1983 als Subgenre herauszubilden. Unter dem Einfluss der NWOBHM-Bewegung entstanden zunächst in den USA, nur kurze Zeit später auch in Deutschland, verschiedene kleine Regionalszenen, in denen der energische, teils virtuose Sound der britischen Bands mit der Geschwindigkeit und Rohheit des kalifornischen Hardcore Punk verbunden wurde. Vor allem die hohen Tempi, der rauere Gesang und eine ins Extrem gesteigerte

Energie wurden zu den wichtigsten musikalischen Merkmalen dieser neuen Stilrichtung. Mit Bands wie Metallica, Megadeth, Anthrax, Sodom oder Kreator brachte sie sehr schnell mehrere weltweit erfolgreiche Vertreter hervor. Gegen Ende der 1980er zählte Thrash zu den etabliertesten und kommerziell erfolgreichsten Strömungen im Heavy Metal. Metallica und Megadeth verkauften Millionen von Platten, hatten zahlreiche Hitsingles und spielten Welttourneen vor Hunderttausenden von Besuchern.

Wie bei den Vorbildern der NWOBHM spielten in textlicher Hinsicht von Beginn an aktuelle gesellschaftliche und politische Themen wie Atomkrieg, Ungerechtigkeit, Machtmissbrauch und Unterdrückung eine bedeutende Rolle im Thrash Metal. Ebenso wie der Sound der britischen Vorbilder ins Extrem geführt wurde, steigerten die jungen Thrash Metal-Bands auch die Drastik von deren teuflischer Bildsprache. Slayer zählen auch für diese Erzählung des Teuflischen, die schonungslose Entlarvung der Welt als Hölle auf Erden, zu den stilprägenden Vertretern. Ab ihrem dritten Album *Reign in Blood* illustrierte die Band ihre charakteristischen Texte über Serienmörder, Kriegsgräuel und religiöse Perversionen mit einer stilistisch völlig eigenen Bildsprache. In der Schnittmenge von H. R. Giger, Hieronymus Bosch, modernen Cut-Out-Techniken und mittelalterlichen Höllendarstellungen erhebt sie den Teufel zur ultimativen Metapher des vom Menschen am Menschen ausgeübten Bösen.

Das Coverartwork für *Reign in Blood* stammt vom amerikanischen Illustrator Larry Carroll, auf dessen düsteren Stil bereits Zeitungen wie *The New York Times* oder *The Village Voice* im Rahmen von Polit-Illustrationen oder Karikaturen zurückgegriffen hatten. Nach den recht freien Vorgaben der Band studierte Carroll zunächst mittelalterliche Höllendarstellungen und setzte diese in Bezug zu den zeitaktuellen Texten des Albums. Es entstand in einer reduzierten Palette aus Bronze-, Rot- und Schwarztönen eine verstörende Höllenszene, die in der Bildmitte Satan in menschlicher Form mit

8 „South of Heaven": Schockierende Sozialkritik

Abb. 10: Die Hölle auf Erden. Auf Slayers *Reign in Blood* regiert der Teufel bereits die Welt.

Ziegenkopf auf einem Thron zeigt (▶ Abb. 10). Der Thron wird getragen von vier gehörnten Figuren mit erigierten Penissen und verstümmelten Engelsflügeln. Eine davon trägt eine päpstliche Tiara. Eine andere bleckt eine Schlangenzunge in Richtung der menschlichen Gestalten, die im unteren Bilddrittel in einem See aus Blut und Feuer untergehen. Die Gesichter der brennenden Sünder sind nicht vollständig erkennbar. Teils handelt es sich um historische Gestalten, teils tragen die Figuren collagenartig montierte Tiaras, die an Darstellungen von Ketzerverbrennungen angelehnt sind. Die satanische Thronszene ist ausstaffiert mit weiteren Abbildungen von gepfählten, verstümmelten und an Wänden hängenden Körpern. Bilder von Folterkammern drängen sich dem Betrachter auf. Inmitten der dargestellten Gräuel kniet am rechten Bildrand auf einem Felsvorsprung Jesus Christus, der gegenüber der Herrschaft Satans hilflos und verzweifelt wirkt.

Der Teufel regiert über eine Welt, die dem Bösen im Menschen selbst entspringt. Dieses Szenario zeichnen auch die drastischen Texte, die bei Veröffentlichung des Albums heftige Kontroversen auslösten – bis hin zu Vorwürfen, Slayer würden den Nationalsozialismus glorifizieren. In Liedern wie „Angel of Death" besingt die Band aus einer verstörend indifferenten Perspektive die Experimente des KZ-Arztes Josef Mengele und ergeht sich dabei in der Schilderung grausamer Details:

> How long can you last in this frozen water burial?
> Sewn together, joining heads
> Just a matter of time 'til you rip yourselves apart
> Millions laid out in their crowded tombs
> Sickening ways to achieve the holocaust

Die beiden Songs „Piece by Piece" und „Necrophobic" zeichnen ebenfalls menschliche Abgründe, nehmen die Perspektive von Serienkillern und Psychopathen ein und schildern auf brutal-plastische Weise Mord und Totschlag. In „Criminally Insane" plant ein gefasster Serienmörder die Flucht und seine Rache an der Gesellschaft. Mit einem differenzierteren gesellschaftlichen Unterton schildert hingegen „Epidemic" menschliches Leid und Elend: Eine tödliche Seuche rottet die Menschheit nahezu vollständig aus. Die Epidemie ist dabei keine apokalyptische Erscheinung, keine Strafe Gottes oder des Teufels, sondern geht auf den Menschen selbst zurück, der nicht entschieden genug gegen Armut und Krankheit vorgeht. Der Abschlusstrack „Raining Blood" bildet schließlich den textlichen Kontext zu der Höllenszene auf dem Albumcover:

> Raining blood
> From a lacerated sky
> Bleeding its horror
> Creating my structure
> Now I shall reign in blood

Das musikalisch gemäßigtere Nachfolgealbum *South of Heaven* führt den Ansatz von *Reign in Blood* fort. *South of Heaven* – laut Band eine Metapher für die Hölle – erscheint abermals als Sammelsurium menschlicher Abgründe und schwelgt in Serienmörderlyrik („Spill the Blood"), Menschenopfern („Cleanse the Soul") und Todesphantasien („Live Undead"). Dennoch ist festzustellen, dass sich die Band auch zu differenzierteren Kommentaren zu Krieg und Elend durchringen konnte. So thematisiert der Song „Mandatory Suicide" die Schrecken des Krieges aus der Perspektive eines Frontsoldaten, dessen Einsatz in einer aussichtslosen Schlacht als „befohlener Selbstmord" bezeichnet wird. Das Herzstück von *South of Heaven* bildet der gleichnamige Titeltrack, der eine von Chaos, falschen Propheten und Unmoral zerrissene Welt zeichnet, die unaufhaltsam auf den Abgrund zu taumelt:

> An unforeseen future nestled somewhere in time
> Unsuspecting victims no warnings, no signs
> Judgement day the second coming arrives
> Before you see the light you must die
>
> Forgotten children, conform a new faith
> Avidity and lust controlled by hate
> (The) Never ending search for your shattered sanity
> Souls of Damnation in their own reality
>
> Chaos rampant
> An age of distrust
> Confrontations
> Impulsive habitat

Wie Satzbau und Vokabular von Slayers Texten in Kombination mit der rasanten musikalischen Umsetzung unterstreichen, geht es der Band nicht darum, mit ausgefeilter Sprache ein nachhaltiges Grauen zu erzeugen. Stattdessen attackiert die Band ihre Hörerinnen und Hörer mit abgehackter Syntax, Satzfetzen und angehäuften „Worthalden, die sich als Kaskade brachialer Kurzwörter im Staccato des Rhythmus über den Hörer ergießen",[64] wie es der Germanist Peter Lenz formuliert. Differenzierte Gesellschaftskritik, der Aufruf, den Status quo zu verändern, die Möglichkeit zum Nachdenken über die Textaussagen ist schon allein wegen des hohen Tempos kaum möglich. Es geht der Band um spontane Assoziationen und Affekte: Panik, Horror, Ekel – Aggression.

Als Chiffre für das Böse im Menschen verlagert sich der Teufel in diesem sozialkritischen, oft politikfeindlichen Erzählstrang in einen psychologischen Innenraum und wird zur Schattenseite der menschlichen Seele. Wenn das Publikum erkennt, dass kein fiktionales Entlastungsventil existiert, erweist sich der Horror so wohl als größer als bei jedem Okkult-Thriller.

9
„I am God": Individualismus und Sozialdarwinismus

Above starving doctrine we must feast
In the heat of the flames that burn the pig faith
Deny the unenlightened animal

Revenge, „Burden Eradication", 2012

Wie satanistisch ist denn Heavy Metal nun tatsächlich? Ist das Teuflische tatsächlich lediglich Sozialkritik, wie im Thrash Metal der 1980er? Ist es wirklich nur Schock und Show wie bei den Bühnenshows von Hell oder den Blasphemien von Venom? Sind die jahrzehntealten Vorwürfe christlicher und politischer Kritiker an den Heavy Metal als Musik des Teufels völlig haltlos? Auch wenn sich, wie sich zeigt, satanische Erzählungen im Heavy Metal nur in den seltensten Fällen auf tatsächliche religiöse Überzeugungen zurückführen lassen, existieren doch einige wenige Bands, für die Satanismus mehr ist als bloßer ästhetischer Mehrwert für Musik und Image. Hier beginnt eine weitere Erzählung, mit der sich Künstlerinnen und Künstler in das große Narrativ des Widersachers einschreiben. In ihrem Kern steht die Figur des Luzifer und sein individualistischer Ausbruch aus einer als beengend empfundenen göttlichen Ordnung.

Einer der ersten Heavy Metal-Musiker, dessen persönliche religiöse Überzeugungen sich in seinem Werk niederschlugen, ist der dänische Sänger King Diamond (bürgerlich: Kim Bendix Petersen). Mit seinem selbstbewusst vertretenen Satanismus stellte der Frontmann von Mercyful Fate eine frühe Ausnahmeerscheinung inmitten der plakativen Teufeleien anderer Bands seiner Generation dar. Dabei war der spirituelle Kontext aus der visuellen Inszenierung, die King Diamond und Mercyful Fate für ihre Bühnenshows nutzten, nicht ohne weiteres ersichtlich. Mercyful Fate bewegten sich zunächst innerhalb der üblichen Klischees des Genres. Die deutsche Metal-Forscherin und Volkskundlerin Bettina Roccor schildert ein typisches Mercyful Fate-Konzert:

> Die mit weinerlicher, extrem hoher Stimme vorgetragenen Aufforderungen zu Teufelsanbetung, zu Ritualen der schwarzen Magie und zu okkultem Hokuspokus stammen aus der Feder des charismatischen Frontmannes King Diamond. Der King, wie er liebevoll von seinen Fans genannt wird, trägt stets ein schauderhaftes Schwarzweiß-Make Up, um den Hals baumelt an einer Kette ein umgedrehtes Kreuz, sein einem Priestergewand ähnlicher Umhang glänzt tiefschwarz. Zu Beginn eines jeden Konzerts entsteigt Diamond einem schwarzen Sarg, umhüllt von einem fledermausartigen Cape. Der Mikrophonständer besteht aus zwei Knochen, zusammengenagelt wie ein umgedrehtes Kreuz.[65]

Auch in den Artworks und Texten setzten Mercyful Fate stark auf den typischen plakativen Horror-Satanismus. So zeigt das Cover ihres Debütalbums *Melissa* (1983) einen gehörnten Totenschädel, der mit dämonisch-rotglühenden Augenhöhlen und aufgerissenem Mund auf den Betrachter zurast. Auf der Rückseite posiert King Diamond, eingerahmt von einer Bordüre in der Form eines umgedrehten Kreuzes, in Corpsepaint mit einem rauchenden Kelch und von zwei Kerzen flankiert. Für Aufsehen sorgte 1982 vor allem die *Nuns Have No Fun*-EP. Das schwarz-weiße Cover zeigt vor nächtlichem Hintergrund mit Vollmond und Fledermäusen eine gekreuzigte nackte Frau in einem Scheiterhaufen. Inmitten verschiedener typischer Requisiten wie umgedrehten Kreuzen und Pentagrammen ist sie umgeben von einem Zirkel dämonischer Kultisten in Roben und mit totenkopfartigen Fratzen. Der korrespondierende Titeltrack beschreibt in drastischem Vokabular die Schändung einer Nonne durch den Ich-Erzähler, worin einmal mehr auch frauenfeindliche Haltungen im Heavy Metal aufscheinen. Verschiedene Radiostationen weigerten sich in der Folge, Mercyful Fate in ihr Programm aufzunehmen, und Auseinandersetzungen mit Kirchenvertretern blieben nicht aus. Die Provokation geschah jedoch nicht ohne Kalkül:

9 „I am God": Individualismus und Sozialdarwinismus

> Damals gab's in Dänemark einen Priester, der uns regelrecht verfolgt und überall diffamiert hat. Also packten wir diese brennende Nonne aufs Cover, denn wir wussten, dass er dann endgültig ausflippen würde. Und in der Tat: Er ging zu den Zeitungen, in die Radiostationen und erzählte überall von unseren Gräueltaten, und irgendwann sprachen diese Medienleute auch uns an, um unsere Meinung zu hören – und das war die beste Promotion, die eine junge Band damals bekommen konnte. Der Plan war aufgegangen.[66]

An dieser schlicht provokanten Verwendung der inzwischen etablierten satanischen Bild- und Textmotive zeigt sich, wie schwierig es ist, allein auf der Grundlage von Texten und Artworks „ernsthaft" an satanistischen Systemen interessierte Künstler von „Showsatanisten" zu unterscheiden. Das geht nur aus dem Kontext, den persönliche Gespräche mit Musikern und bisweilen auch Interviews öffnen können. Darin erklärt auch King Diamond, dass die Bühnenshow für ihn nicht nur „verkehrte Welt" darstellt, sondern Satanismus ein realer Teil seines Lebens ist:

> Es ist nicht wie bei Alice Cooper, der über Alice Cooper immer in der dritten Person spricht. Das finde ich total cool, aber es wäre lächerlich, wenn ich das auch machen würde. [...] Ich weiß, dass es Grenzen gibt für das, was man machen kann und möchte. Ich habe die Musik als großartiges Ventil für die abgedrehten Gefühle in mir. Musik ist wahrscheinlich der beste Psychiater, den ich haben kann. Alles, was ich mache, gehört zu King Diamond, und was King Diamond macht, bin zu 100 Prozent ich. Es ist nicht so, dass ich, sobald ich Make-up auflege, denke, ich wäre jemand anderes und könnte endlich Dinge auf der Bühne tun, die ich ohne Make-up nie tun würde.[67]

Die wichtigsten Indizien für einen neuen ernsthaften Satanismus in der Rockmusik liefert King Diamond mit Aussagen zu seinen satanistischen Überzeugungen und Verbindungen zu LaVeys Church of Satan. Bereits in den frühen 1980er Jahren versuchte er sich so von Krawallsatanisten in der Manier Venoms abzusetzen. King Diamonds Kontakt mit satanistischen Systemen verlief dabei nicht untypisch: von einer jugendlichen Faszination für das Unerklärliche hin zu Recherche und Lektüre populärer okkulter Literatur. Seine Begegnung mit LaVeys *Satanischer Bibel* schildert King Diamond so:

> Ich las es und fand heraus, dass es eine reine Lebensphilosophie war und absolut nichts mit einer Religion zu tun hatte. Und die Philosophie, die darin beschrieben wurde, war genau so, als sähe ich meine Art zu denken schwarz auf weiß vor mir. [...] Die Standardvorstellung der Leute ist, dass Satanisten Menschen weh tun, Tiere opfern und Blut trinken. Aber das ist total krank. Mit der Lebensphilosophie kann ich mich jedoch vollends identifizieren und es ist genau das, wie ich mein Leben immer gelebt habe. Es war nichts Neues! [...] [Satanismus] ist wie jedes andere Leben auch. Es ist nichts Besonderes daran. Außer dass ich mich nicht schlecht fühle, wenn ich gewisse Dinge tue, denn ich habe nichts mit einer Religion zu tun, die mir verbietet, bestimmte Dinge zu tun. Ich fühle keine Schuld, wie ich es müsste, wenn ich in dieser oder jener Religion wäre. Ich kann mit diesen Religionen nichts anfangen, denn es gibt einfach keinen Beweis. Ich bin eine sehr logisch denkende Person, mit beiden Füßen auf dem Boden. [...] Das Problem, das ich mit Religion habe, ist, dass einige Leute, die einer bestimmten Religion angehören, andere Menschen nicht akzeptieren können, da sie anders denken. [...] Und dann ist das Problem, dass aus diesem fehlenden Respekt für den anderen heraus die Menschen bereit sind, andere Menschen zu töten, nur aus verschiedenen religiösen Glaubensansichten. Etwas, das sie nicht einmal beweisen können! Das ärgert mich schon sehr.[68]

King Diamond, der bei Journalisten als intelligenter, eloquenter und angenehmer Gesprächspartner geschätzt ist, wird dabei nicht müde, die Unterschiede des LaVey'schen Satanismus, den er als humanistische Lebensphilosophie begreift, zu den Schreckens- und Höllenszenarien in seinen Texten zu betonen:

> Wenn man die satanistische Lebensphilosophie richtig versteht, akzeptiert und achtet man andere Menschen als Individuen. Jeder von uns ist einmalig und hat seine eigenen Gedanken. [...] Ich respektiere Menschen als Individuen und beurteile sie nach ihrem Charakter – nicht nach ihrer Rasse, Religion oder sonst was. [...] Ich lehne allerdings Religionsformen ab, die allen Menschen den gleichen Glauben vorschreiben wollen, denn so etwas ist schlicht unmöglich.[69]

Es deutet sich an, welches Teufelsbild King Diamond für sich beansprucht. Vertraut mit dem pragmatischen Satanismus LaVeys, in dessen Church of Satan King Diamond Mitglied ist, übernimmt er weitgehend das dort vertretene Teufelsbild: Der Teufel wird nicht als religiöse, real existierende Wesenheit verstanden, sondern als Symbol für die Ablehnung bürgerlicher Normen und kirchlicher Lehren. Auch wenn sich die schauerlich provokanten Bildwelten in den Texten Mercyful Fates deutlich von den gemäßigt-pragmatischen Ansichten King Diamonds zu Satan, Kirche und Blasphemie abheben, zeigt sich doch erneut, dass der Teufel als Symbol der Rebellion überraschend konstant ist. In die Individualisierungsprozesse der Spätmoderne fügt sich der an Selbstentfaltung und Lebenssteigerung orientierte Satanismus von LaVey und Künstlern wie King Diamond nahtlos ein.

King Diamond ist nicht der einzige Künstler, der sich öffentlich zum organisierten Satanismus LaVeys bekennt. Ein weiteres Beispiel ist die Black- bzw. Death Metal-Band Acheron aus Florida, die einen noch konsequenteren Ansatz in ihrer Musik transportiert. Die 1992 veröffentlichte Platte *Rites of the Black Mass* der Band um den ehemaligen Church-of-Satan-Priester Vincent Crowley wartet mit einer Reihe von Huldigungen Satans auf, die, jeweils von atmosphärischen Intros eingeleitet, direkt den Zeremonien der Church of Satan entlehnt scheinen. Das Stück „Ave Satanas" etwa porträtiert Satan als luziferischen Aufklärer und Befreier von als heuchlerisch und einengend empfundenen christlichen Moralvorstellungen:

> Unholy satan, bringer of enlightment
> Lend us thy power, now and throughout our lives
> Endless glory shall be given
> Lord of hell, show us thy way
> Ave Satanas, ave Satanas
> Jesus Christ, we deny thy name.

King Diamonds humanistischem Verständnis des Teufels entgegengesetzt, inszenieren Death Metal- und Black Metal-Bands wie Acheron ab den frühen 1990er Jahren ihren radikal-individualistischen Satanismus wesentlich militanter. Die Distanz zwischen privaten Überzeugungen und Bühnenrolle scheint hier zunehmend zu verschwinden. Auch andere Bands mit Verbindungen zur Church of Satan wie Vital Remains, Wolfen Society oder The Electric Hellfire Club leisten dieser neuen Lesart eines hemmungslos individualistisch gelesenen Teufels Vorschub. Drastisch formulierte Religionsfeindlichkeit bei einer gleichzeitigen Überhöhung von Werten wie persönlicher Stärke und Elitedenken sowie ein Egoismus an der Schwelle zum Sozialdarwinismus etablieren sich im extremen Metal der frühen 1990er Jahre als neue teuflische Erzählung. Auf der Grundlage der Ideen LaVeys formulieren vor allem amerikanische Bands wie Wolfen Society das vermeintliche Idealbild eines rücksichtslosen, nur sich selbst gegenüber verantwortlichen „Übermenschen", der sich über die Schwachen hinwegsetzt:

> Survival is the most important law
> Standing tall, never to crawl
> I look into the mirror and I see
> The only God I praise is me!
>
> Conquer divine
> This life is mine
>
> Denying lies taught to me at birth
> Religious tales having no worth
> Taking power over mental slavery
> Breaking the chains, I am now free

Nächstenliebe wird zugunsten der Durchsetzung der eigenen Ziele abgelehnt. Der christliche Glaube und Religionen im Allgemeinen werden als spirituelle Krankheit bezeichnet, die den Menschen an der Entfaltung seiner vollen Möglichkeiten hindert und ihm den freien Willen raubt. Auffällig ist die Kombination der Texte über persönliche Stärke mit militaristischen, kriegerischen Szenarien, etwa in Vital Remains' Beschreibung einer pogromhaften Entchristianisierung („Dechristianize", 2003):

> He raped the culture of mankind
> He raped the pride of the ancient ways
> He raped all thought of freewill
> I who will watch you fall into obscurity
>
> Washing away all filth of righteousness
> The dimming of the light
> Engulfing the fucking trinity

9   „I am God": Individualismus und Sozialdarwinismus

> I spit upon your deity
> Supposed creator of all things
> Idol of irreverence you worship above
> Show your true face – the image of prevarication

Gott und Religion werden im Sinne LaVeys als spirituelle Hirngespinste abgelehnt, der Teufel dagegen bleibt als Symbol des Kampfes gegen die christliche Werteordnung. In seinem Zeichen rufen Bands wie Vital Remains ihr anbrechendes satanisches Zeitalter aus, mit einer areligiösen Gesellschaft jenseits von Gut und Böse. Das Feuer der in den Texten brennenden Kirchen wird umgedeutet als helle Flamme, die das Licht der Aufklärung in eine durch christliche Nächstenliebe, heuchlerische TV-Prediger, Jenseitsglauben und moralische Zwänge gelähmte Menschheit bringt und sie aus der Unmündigkeit zu einem neuen Selbstbewusstsein führt. Das friedliche „New Age of Aquarius", das die esoterischen Strömungen der Hippie-Bewegung ausgerufen hatten, wird nun im Zeichen Luzifers zu einem neuen Zeitalter des satanischen Egos, des „Tu-was-Du-willst". Bei Electric Hellfire Club klingt das so („Invocation / Age of Fire"):

> Synagogues and churches burning
> Can't you see the tide is turning?
> How many fires will it take?
> Before you realize that God is dead
> Until you open up your eyes and see your god is dead
>
> God is dead – Satan lives! [...]
> Let the fire in our hearts become a fire in our minds
> And let our minds light fires among all mankind

In Auseinandersetzung mit LaVeys Satanismus haben Heavy Metal-Künstlerinnen und -Künstler also im Wesentlichen drei Erzählhaltungen entwickelt.

Erstens eine Adaption wie von King Diamond, die institutionell organisierte Religion, Dogmatismus und Missionierungseifer ablehnt – bis hin zur Absage an die Rituale der Church of Satan. Dieser betont liberale Satanismus wird getragen von einem gelassenen Leben-und-leben-lassen und mündet in eine gelebte, aber nicht plakativ nach außen getragene Lebenssicht. Hier gibt es keinen Glauben an den Teufel, hier ist Satan tatsächlich bloß ein antibürgerliches Symbol, wie es LaVey vor Augen hatte, um den Werten und Normen der konservativ-christlichen Gesellschaft der amerikanischen 1960er den Spiegel vorzuhalten. Einen direkten Zusammenhang zwischen dem gelebten Satanismus King Diamonds und seinen bluttriefenden, blasphemischen Schocktexten gibt es nicht.

Eine *zweite* Adaptionsweise lässt sich bei Bands wie Acheron feststellen. Als Mitglieder der Church of Satan tragen sie die Lehren LaVeys in ihren Texten unmittelbar und plakativ nach außen. Eine Bühnenshow nach dem Vorbild einer schwarzen Messe der Church of Satan dient als schlüssige visuelle Ergänzung. Auch hier wird der Teufel als antibürgerliches und vor allem antichristliches Symbol verstanden, aber die christliche Kirche wird viel offensiver und direkter attackiert. Ein entsprechend drastisches Vokabular zeichnet das Bild apokalyptischer Schlachten, die mit dem Sieg Luzifers über die christlichen „Herdenmenschen" enden.

Eine *dritte* Linie von Bands, etwa Wolfen Society oder Vital Remains, macht diesen militaristisch-kriegerischen Aspekt zu ihrem zentralen Inhalt. Die Überwindung der konservativen Normen und Werte des Christentums, wie sie sich bei LaVey findet, stellt nur noch den gemeinsamen Nenner dar. Die Church of Satan als Organisation, ihre Rituale und Schriften spielen für diese Bands nahezu keine Rolle mehr. Stattdessen rückt eine Ideologie in den Mittelpunkt, die jeglicher Art von Religiosität feindlich gesonnen ist. In metaltypischen, maskulinen Szenarien von Krieg, Militär und Gewalt wird der Sieg des von christlichen Werten befreiten „Übermenschen" über alles Schwache besungen. Die Nähe zu sozialdarwinistischen Gedanken vom Recht des Stärkeren, die auch einigen Ideen der Church of Satan zu eigen ist, wird hier offensichtlich. Der Teufel wird zur bloßen

Metapher des Lichtbringers, in dessen Zeichen das neue Zeitalter der absoluten Freiheit von Normen und Werten erkämpft werden soll.

Gerade diese letzte Motivlinie, die die Figur des Teufels verwendet, um die Religionen der Welt zu bekämpfen, hat eine politische Dimension, was sie von bisherigen Adaptionen des Teuflischen unterscheidet. Tatsächlich hat sich seit der Jahrtausendwende ausgehend von Kanada und den USA um die sozialdarwinistische Interpretation des Diabolischen ein eigenes, bisweilen als War Metal oder War Black Metal bezeichnetes, Subgenre des Black Metal mit eigener Szene gebildet.

Ein Teil dieser neuen auf Militarismus, Antireligiosität und Satanismus basierenden Bewegung gruppiert sich um die zahlreichen Projekte der Musiker Pete Helmkamp und James Read. Über Helmkamps und Reads Band Revenge äußern sich die Musiker selbst: „Die Texte von Revenge preisen den Aufstieg des Übermenschen und [...] das furchtlose göttliche Ich".[70] Analog dazu eine Äußerung Reads über Order from Chaos, eine der ältesten und respektiertesten Bands Helmkamps: „[E]ine militante Band mit militantem Image. Sie verehrte den Übermenschen und spürte keine Regung für die falschen Schafe, welche die Welt verunreinigen."[71]

Helmkamp, der auch Autor mehrerer programmatischer Pamphlete ist, u. a. mit den Titeln *Conqueror Manifesto* und *Controlled Burn*, fasst das ideologische Gerüst seiner und Reads Bands unter dem Schlagwort „heretic supremacy" zusammen, ein radikaler Individualismus, der zum Sieg des Starken in der Gesellschaft führen soll:

> Einfach gesagt: Ketzerei [*heresy*] bedeutet im Griechischen „freies Denken", und Vorherrschaft [*supremacy*] interpretiere ich als die maximale Ausübung von Kraft und Weisheit in Verbindung. Daher „ketzerische Vorherrschaft" [*heretic supremacy*]. Mein Ziel ist es, die Menschen zu erziehen, ihnen eine andere Denkweise anzubieten. Nicht unbedingt, um sie zu überzeugen, aber zumindest damit sie

hinterfragen, was uns umgibt. Die meisten Sachen in der modernen Gesellschaft haben genau den entgegengesetzten Ansatz. Sie bestehen darauf, dass ihr Weg der einzige Weg ist. „Ketzerische Vorherrschaft" verneint das vollständig: Geh Deinen eigenen Weg, triff Deine eigenen Entscheidungen, sei Dein eigener Gott. Wille statt Hoffnung, Handeln statt Stillstand, Macht statt Schwäche.[72]

Vor diesem ideologischen Hintergrund gibt sich Helmkamp als Sozialdarwinist, der die Entwicklung der menschlichen Kulturen auf eine quasi-biologische Evolution reduziert, bei der sich das Stärkere durchsetzt. Für ihn ist die menschliche Religiosität – speziell die jüdisch-christliche, deren Moralvorstellungen die ganze westliche Gesellschaft durchdringen – ein Zeichen von Schwäche, etwas das den Aufstieg des Menschen zu seiner nächsten Entwicklungsstufe hemmt. Helmkamp nennt diesen neuen Menschen „Homo Deus" und begreift den Aufstieg also geradezu als eine Gottwerdung. Damit diese erreicht werden kann, müsse Religion und ihre Moral notfalls mit Gewalt ausgemerzt werden.

Der Steinbruch, aus dem sich Helmkamp die Versatzstücke seiner Ideologie zusammenklaubt, besteht im Wesentlichen aus den Philosophien Friedrich Nietzsches und faschistischer Denker wie des italienischen Kulturphilosophen Julius Evola und dessen esoterisch verbrämten Vorstellungen einer aristokratischen, spirituellen Elite. Eine Idee aus Nietzsches Philosophie, die Helmkamp aus ihrem ursprünglichen Kontext reißt, ist der „Übermensch". Der „Übermensch" erhebt sich durch Stärke und Vitalität über die „Herdenmenschen", die sich der Tyrannei eines fiktiven Gottes und einer Moral der Schwäche und des Mitleids beugen. Helmkamp reduziert Nietzsches Philosophie auf eine rein instinkthafte, vulgär-evolutionistische Ideologie, die den Menschen – alle psychologischen und soziokulturellen Aspekte außer Acht lassend – auf einer Ebene mit Tieren sieht. Was jenseits religiöser Irrlehren moralisch richtig ist, gründet für Helmkamp rein auf der Macht, etwas zu tun. Daraus leitet er auch eine Überlegenheit der „westlichen" Zivilisation über die so genannte „Dritte Welt" ab: Was das „Überleben" des Westens bedroht, sollte rücksichtslos vernichtet werden.

9 „I am God": Individualismus und Sozialdarwinismus

> Wir verbrennen in England Rinder wegen einer furchtbaren Seuche. Verbrennen wir Menschen in Afrika wegen einer furchtbaren Seuche? Wir verordnen Koalabären in Australien Verhütungsmittel, nachdem wir zugelassen haben, dass ihre Population außer Kontrolle gerät. Erstens: Wären nicht Kugeln billiger? Dann könnten wir auch das Fleisch verwerten. Zweitens: Verordnen wir Menschen Verhütungsmittel, deren Population wir außer Kontrolle haben geraten lassen? Nein, wir verordnen Reis. In der Tat, die Evolution geschieht nicht über Nacht. Es werden noch viele, viele Ketzer auf dem Scheiterhaufen verbrennen, bevor die nächste Stufe erreicht ist. Wenn wir nicht vorher im Morast ertrinken ...[73]

Ein weiterer Einfluss auf diese sozialdarwinistische Umdeutung Nietzsches stellt das in Teilen dieser Subszene als Kultbuch gehandelte *Might is Right* dar, eine wohl Ende des 19. Jahrhunderts unter dem Pseudonym „Ragnar Redbeard" veröffentlichte polemische Verteidigung des Sozialdarwinismus. Popularisiert wurden die Ideen Ragnar Redbeards vor allem durch Anton LaVey. Wenn auch um den Rassebegriff entschärft, finden sich in seiner *Satanischen Bibel* zahlreiche Bezüge auf das Buch, für dessen spätere Auflagen er auch Vorworte verfasste. Auch in Deutschland ist um diese Ideologie inzwischen ein Markt entstanden, der von rechtspopulistischen und rechtsextremen Milieus getragen wird und auch Verbindungen zur neurechten Identitären Bewegung hat.

Gerade in der Verknüpfung des sozialdarwinistischen Satanismus mit konkreten politischen Ideen zeigt sich der gesamte ideologische Hintergrund. Was als Freidenkertum unter dem Zeichen des Lichtbringers Luzifer, als Rebellion hin zum Licht verkauft wird, die eine neue Aufklärung einleiten soll, entspringt im Grunde einem ultrakonservativen Denken. Dessen rückwärtsgewandtes, tendenziell fremdenfeindliches Weltbild ist auch in Teilen der US-amerikanischen Rechten zu finden. Es verschanzt sich hinter Schlagwörtern wie „Amerikanische Renaissance" und diversen Verschwörungstheorien. Dass hinter dem vermeintlich radikal-progressiven Aufklärungsdenken Helmkamps letztlich eben jener national-libertäre Konservativismus steht, der 2022 den Kapitolsturm begünstigte, wird in verschiedenen Interviews deutlich. Der Rebell Luzifer, als

9 „I am God": Individualismus und Sozialdarwinismus

Symbol der Befreiung von Werten und Religionen emporgestiegen, verfängt sich schon nach wenigen Metern in den Netzen rückwärtsgewandter Ideologie, Redneck-Vokabular und sogar im fundamentalistischen Christentum:

> Tatsächlich sehe ich den christlichen Fundamentalismus als die Antwort, um „Freiheit und Demokratie wiederherzustellen". Die Mitte wird nach rechts schwenken, die Linken werden ins Gefängnis gesteckt, und wir werden die guten alten USA zurück haben ...[74]

Nicht zuletzt ist in der Verbreitung solcher Ideen durch Bands wie Revenge, Conqueror oder Axis of Advance eine neue Ästhetik zu erkennen. Auf Fotos präsentieren sich die Musiker kurzgeschoren, mit Armeekleidung, Tarnhosen und Springerstiefeln. Die horrorfilmartigen Bühnenverkleidungen der frühen satanischen Showmaster sind einem Stil gewichen, der Wehrhaftigkeit und Maskulinität betont. Die politischen Ideen der Musiker – wie diffus diese auch sein mögen – bekommen so einen entsprechenden ikonografischen Rahmen. Nicht zuletzt werden Krieg und Kriegsästhetik so als großes Faszinosum stilisiert, das ebenso wie konventionelle satanische Bildersprache schocken und abgrenzen soll. Bettina Roccor sieht darin einmal mehr ein männliches, der Realität ausweichendes Spiel, das sich auch in anderen Teilen der globalen Heavy Metal-Kultur – Manowar, Bolt Thrower, „Panzerdivision" Marduk, Wehrmacht usw. – oft beobachten lässt: der Krieg als großes Abenteuer, in dem sich die komplexen Anforderungen unserer Zeit auf die schlichte Alternative „schießen oder erschossen werden" reduzieren.[75] Doch spätestens wenn diese Musiker und Teile ihrer Fans sich zu Wehrsportübungen treffen und Nähe zu rechtsextremen Gruppen suchen, wie es seit den 2010er Jahren verstärkt der Fall ist, wird aus dem Spiel Ernst.

10
„We are the Apocalypse": Atmosphäre, Pubertät und Verbrechen

Riders of the great beast,
Come reap and let's destroy
The earth and set fire to the sky

Dark Funeral, „We are the Apocalypse", 2022

Eine weitere wichtige Innovation des Teuflischen im Heavy Metal beginnt um 1991 in Norwegen. Mit der so genannten „zweiten Welle" des Black Metal verbreitet sich die für den modernen Metal wohl wichtigste satanische Erzählung: Satan als göttliche Macht und Anführer in einem apokalyptischen Kampf gegen die Christenheit. Doch was so radikal nach militantem Satanismus und teuflischen Verschwörungen klingt, ist bei genauerem Hinsehen wesentlich vielschichtiger. So ähnelt diese Erzählung häufig eher einem atmosphärischen Fantasy-Szenario, in dem neben der Lust am Fabulieren vor allem auch jede Menge pubertärer Selbstermächtigung steckt. Gerade in letzterem Aspekt steckt auch ein gewisses Gewaltpotenzial, was den Black Metal seit den 1990er-Jahren bis heute zu einem an vielen Stellen problematischem Phänomen macht.

Das zentrale Bindeglied zwischen der „ersten Generation" von Black Metal-Bands wie Venom, Bathory oder Celtic Frost und dieser neuen, primär von norwegischen und schwedischen Jugendlichen getragenen Szene stellen Mayhem aus der Nähe von Oslo dar. Die Entwicklung von Mayhem ist typisch für den Heavy Metal in der Zeit zwischen 1984 und 1999. 1984 von den damals 16-jährigen Euronymous (bürgerlich Øystein Aarseth) und Necrobutcher (Jorn Stubberud) gegründet, spielte die Band zunächst vor allem Coverversionen von Songs ihrer großen Vorbilder. Die Band sah sich anfangs noch als Teil der im Entstehen begriffenen Thrash Metal-Szene und verfolgte Pläne, einige der größeren Thrash-Bands, wie etwa Slayer aus den USA oder Sodom aus Deutschland, für Konzerte nach Norwegen einzuladen. Mit regionalen Zentren in Tampa Bay (Florida) und Südschweden begann ab Mitte der 1980er Jahre der Death Metal den Thrash Metal als „härtestes" Subgenre abzulösen. Das Tempo wurde noch höher, der Gesang noch unverständlicher. Der neue, noch extremere Sound und die Texte, die sich meist um den Tod in all seinen schauerlichen Facetten drehten, übten auch auf Mayhem eine Faszination aus, die sich nun als Death Metal-Band verstanden. Im Zuge der weltweiten Verbreitung des Death Metal veröffentlichten auch Darkthrone – neben Mayhem später die zweite wichtige Band des norwegischen Black Metal – ihr Debütalbum *Soulside Journey* (1991), das technisch anspruchsvollen Death Metal im Stil der Bands der Florida-Szene beinhaltete.

Das Aufkommen der norwegischen Black Metal-Szene und damit der „zweiten Generation" des Black Metal ist im Zusammenhang mit der Kommerzialisierung des Death Metal gegen Ende der 1980er zu sehen. Death Metal war zu einem globalen Phänomen geworden. Bands wie Morbid Angel unterschrieben lukrative Verträge bei großen Plattenfirmen und spielten weltweite Konzerttourneen. Die finsteren Lederoutfits waren Bermudashorts und Baseballcaps gewichen und die schwarz-weißen Cover im Do-it-yourself-Stil durch farbenfrohe Hochglanzhüllen mit Artworks bekannter Künstler ersetzt. Musiker wie Euronymous waren enttäuscht von der Entwicklung, die viele ihrer einstigen Vorbilder genommen hatten. Sie sahen sich in ihren Idealen verraten – sollte es beim Death Metal doch um die dunklen, bösen Seiten der Welt gehen.

Mayhem reagierten auf den Verlust ihrer Vorbilder mit einem Rückzug in die Tradition. Orientierungspunkte waren erneut die Urväter Venom und Bathory, deren im Grunde augenzwinkernden Texte über Teufelsanbetung und Mord und Totschlag man nun vorgab, todernst zu nehmen, um sich von den „Öko-" oder „Greenpeace-Death-Metal-Bands" abzugrenzen: „Death Metal hat nichts mit Kritik an sozialen Mißständen oder Splatter-Lyrics zu tun. Death Metal bedeutet Okkultismus, Esoterik und düstere Geschichten, und das meine ich ernst", verkündeten die 19-jährigen Musiker von Darkthrone 1991 im Interview mit dem *Rock Hard*-Magazin.[76]

Um den etwas älteren, 1968 geborenen Euronymous begann sich eine neue kleine Bewegung von teils hochtalentierten Teenagern zu formieren. Viele der Bands dieser jungen norwegischen Szene wurden um 1990/91 gegründet, oft aus ehemaligen Death Metal-Bands. Zu den wichtigsten zählen Burzum (benannt nach dem Begriff für Dunkelheit in der „Schwarzen Sprache" aus Tolkiens *Herr der Ringe*) um den damals 18-jährigen Count Grishnackh (bürgerlich Christian Vikernes), Emperor um die damals 15-jährigen Samoth (bürgerlich Tomas Haugen) und Ihsahn (bürgerlich Vegard Tveitan), Immortal aus Bergen, die vom 13-jährigen Ivar „Björnson" Peersen und dem 17-jährigen Kjetil Grutle „Kjellson" gegründeten Enslaved sowie Satyricon um den damals 15-jährigen Satyr (bürgerlich Sigurd Wongraven). Anders als die amerikanische War Metal-Szene bestand die neue Szene also nicht aus Erwachsenen mit politischer Agenda und teils akademischem Background, sondern aus Jugendlichen aus gutbürgerlichen Elternhäusern in wohlhabenderen Vororten. Während die üblichen Heavy Metal-Themen der Zeit – schnelle Motorräder, Frauen, Alkohol – für die Teenager, die teils noch die Schulbank drückten, kaum geeignete Identifikationsobjekte darstellten, gab es eine große Faszination für okkulte Themen – gerade über den Umweg der Fantasy-Literatur, aber auch über den Austausch von Musik auf selbstaufgenommenen Kassetten mit den etwas älteren Death Metal-Bands in den USA. So wurden schließlich Tod, Teufel und Satanismus als eigene Themen zur Abgrenzung auserkoren. Auch Bathorys Quorthon hatte zehn Jahre zuvor schon das gleiche Problem:

> Wir hatten keine Ahnung, worüber wir schreiben sollten. Bands wie Saxon oder Motörhead ging es um Motorräder, die mit 200 Sachen die Straße runter donnern, Whiskey oder Sex. Wir dagegen kamen gerade aus der Schule. Wir haben uns dann einfach dem zugewandt, was uns interessiert hat – und das war das Mysteriöse.[77]

Aber wieso gerade Norwegen? Wahrscheinlich kamen hier zufällig mehrere Faktoren zusammen: Zum einen gab es mit Mayhems Euronymous eine charismatische, kreative Szenepersönlichkeit. Zum anderen ermöglichte es ein gehobener Bildungsstand – einschließlich der in Norwegen im Allgemeinen hervorragenden Englischkenntnisse –, sich international zu vernetzen und sich mit den Inhalten der Szene auseinanderzusetzen. Zum dritten erlaubte ihre bürgerliche Herkunft den norwegischen Jugendlichen die nötigen finanziellen Freiräume. So hatte Euronymous bereits 1987 mit Unterstützung seiner Familie sein eigenes Label Posercorpse Music (später unbenannt in Deathlike Silence Productions) gründen können. 1991 eröffnete er zudem in Oslo den Plattenladen Helvete (norwegisch für Hölle), in dessen Kellerräumen sich die Jugendlichen regelmäßig trafen, um sich über ihre Vorstellungen von „wahrem" Death und Black Metal auszutauschen oder Euronymous' Ideen zuzuhören, der nicht zuletzt aufgrund seines Alters von einigen als Anführer gesehen wurde.

> Die gesamte norwegische Szene basiert auf Euronymous und der Botschaft, die er in diesem Laden vermittelte. Er überzeugte sie, was richtig und was falsch war. Immer sagte er, was er dachte, immer folgte er seinen Instinkten zum wahren Black Metal – Zeug wie Corpsepaint und Spikes. Er verehrte den Tod und war extrem. Und davon erzählte er allen.[78]

Euronymous war unbestritten die treibende Kraft der neu entstehenden skandinavischen Szene und formulierte seine Ansichten angesichts einer wachsenden Anhängerschaft immer extremer. Den anderen Teenagern der Szene imponierte dies, weshalb sich in der Folge schnell Nachahmer fanden. Die Ideologie der Mitglieder des „Inner Circle", wie sich die kleine Gruppierung in Anlehnung an die Hierarchien okkulter Gruppen rasch nannte, war jedoch kein kohärentes System. Gemeinsam war den Interviewäußerungen lediglich die Absicht, zu schockieren, wobei die Musiker stets darauf beharrten, alles Gesagte todernst zu meinen. So sympathisierte Euronymous öffentlich mit dem kambodschanischen Diktator Pol Pot, bezeichnete sich als Anhänger faschistischer Systeme oder forderte gleich die endgültige Auslöschung der Menschheit. Das Ziel war die Glorifizierung alles Bösen. Oft unfreiwillig komisch gab man sich als dessen willfährige Vollstrecker:

> Wir bemühen uns sehr, menschliche Gefühle zu vermeiden. Natürlich kann ich nicht sagen, ich wäre zu 100 Prozent rein böse, das ist unmöglich. Aber wir versuchen unser Bestes, um das ultimativ Böse in uns zu erreichen.[79]

Die Konstante in diesem Wirrwarr an pubertären Geschmacklosigkeiten und Allmachtsphantasien stellte ein diffuses Verständnis von Satanismus dar, das sich gegen die liberalen Systeme in der Tradition LaVeys wandte und stattdessen apokalyptische Szenarien aus Feuer und Schwefel, das Bild eines leibhaftigen Teufels bediente. LaVey und seine Church of Satan wurden in dieser Rolle rückwärts zu vorindustriellen Teufelsängsten zu einem Hassobjekt für die norwegischen Jugendlichen, wie Euronymous in charakteristischer Großspurigkeit zu Buche gab:

> Ich würde sagen, dass sie [die Church of Satan] intelligente Menschen sind – aber ich will nicht, dass die Menschen intelligent sind. Ich will dumme Sklaven. [...] Sie sagen, dass die Christen die Freiheiten unterdrücken und all diesen Scheiß, aber ich finde das großartig. Wir würden die Church of Satan gerne zerstören, weil sie eine Macht auf der Seite des Guten ist. Sie sehen sich selbst als die gute Kraft und die Christen als die böse Kraft [...] und ich denke, das ist Blasphemie. Hiermit erkläre ich im Namen des norwegischen Black Metal Circle der Church of Satan den totalen Krieg.[80]

Rückblickend äußert sich auch Ihsahn (Emperor) zur feindseligen Haltung der selbsternannten „Black Metal Mafia" gegenüber LaVey. Dessen Ansichten seien zu humanistisch und zu gewöhnlich. Das belegt zugleich, dass sich die Jugendlichen nur oberflächlich mit dem in vielen Zügen zynischen und offen menschenfeindlichen Werk LaVeys auseinandergesetzt haben:

Die ganze „Anti-LaVey"-Haltung der Szene verbreitete sich auch, weil seine Form des Satanismus sehr human ist. Keiner wollte einen humanen Satanismus; man sollte praktisch Satan selbst sein. [...] Das kann ich verstehen, denn für viele ging es auch darum, nicht wie die anderen zu sein. Wenn LaVey sagt, dass die einfachste Hausfrau eine Satanistin sein kann, was er anscheinend in der *Satanischen Bibel* tut, dann hatten einige wohl Angst, dass er Ansichten vertritt, die ihnen das Besondere nehmen würden.[81]

Was lediglich als Steigerung der Provokationen in der Art von Venom begann, erhielt um 1991/92 eine völlig neue Dimension. Aus den Worten wurden Taten. Mit immer maßloseren Aussagen in Interviews, von Andeutungen über satanische Morde bis hin zu Sympathiebekundungen für Hitler, stachelten sich die Jugendlichen gegenseitig weiter an, ihre Glaubwürdigkeit zu beweisen. Nach mehreren Grabschändungen und niedergebrannten Kirchen wurden die norwegische Polizei und die internationale Medienlandschaft auf die „Satansrocker" um Euronymous aufmerksam. Im Besonderen Count Grishnackh (Burzum) wusste die neue Plattform geschickt zu nutzen, um sich als „Staatsfeind Nummer Eins" zu inszenieren. In Interviews mit Boulevardmedien und internationalen Heavy Metal-Magazinen präsentierte sich Grishnackh als Anführer des „Black Metal Circle" und prahlte damit, von der norwegischen Kriminalpolizei überwacht und als zentrale Figur hinter einer Reihe von Kirchenbränden verdächtigt zu werden. Das Ende des norwegischen „Inner Circle" stellte die Ermordung Euronymous' durch Count Grishnackh im Jahr 1993 dar. Die genauen Hintergründe sind bis heute unklar. Im Raum steht der Kampf um die Anführerrolle im „Inner Circle", eine paranoide Persönlichkeitsstörung, aber auch Auseinandersetzungen um Tantiemen und Eifersucht. Im Zuge der Ermittlungen zu diesem Verbrechen konnten auch die meisten Täter hinter den Kirchenbränden und Grabschändungen ermittelt werden, so dass bis 1994/95 ein Großteil des „Inner Circle" verurteilt und mit Gefängnisstrafen bedacht wurde. Während die norwegische Kernszene so fürs Erste gesprengt war, begann sich Black Metal international zu einem neuen Trendgenre zu entwickeln.

Maßgeblichen Anteil an der nahezu weltweiten Popularisierung und der bis heute andauernden Mythenbildung um den szeneintern bald sagenumwobenen „Inner Circle" hatten ein reißerischer Artikel in der größten englischen Heavy Metal-Zeitschrift *Kerrang!* und mehrere Folgeartikel in europäischen Szenemagazinen, die im Stile von Boulevardblättern ein spektakuläres, für viele jugendliche Leser wohl faszinierendes Bild der geheimnisvollen, finster geschminkten norwegischen Satanisten und ihrer Verbrechen zeichneten. In der Folge des *Kerrang!*-Artikels explodierte die Szene förmlich. Black Metal wurde innerhalb der Heavy Metal-Kultur zu einem der verkaufsstärksten Subgenres. Nicht nur drängten Dutzende neuer Bands monatlich mit Veröffentlichungen auf den Markt, auch die Musikindustrie erkannte das Potenzial des Genres vor allem bei jüngeren Hörern. „Norwegischer Black Metal" wurde zu einem Qualitätssiegel, das Plattenfirmen gerne nutzten, um die „Ursprünglichkeit" und „Aufrichtigkeit" ihrer Bands zu betonen. Die extreme Ästhetik, die provokanten Interviewstatements, die stilisierte Visualität und Kreativität, die von Euronymous und den frühen skandinavischen Bands der „zweiten Welle" geschaffen wurden, übernahmen viele der nun international neu entstehenden Bands fast unverändert. In der zweiten Hälfte der 1990er ist so einerseits eine breite Kommerzialisierung zu beobachten, in der das Genre teils auch mit anderen Stilen wie Gothic Metal verschmolz. Andererseits formierten sich im Underground die ideologisch und künstlerisch radikaleren Bands neu, um ihre Idee eines „wahren" Black Metal weiterzutragen. Gerade Schweden avancierte nun zu einem kreativen Zentrum des sogenannten „orthodoxen" Black Metal mit Vertretern wie Ofermod, Malign oder Watain.

Wie in der Geschichte der „zweiten Welle" des Black Metal deutlich wird, sind die luziferischen, teils positiv besetzten Züge im Teufelsbild dieser neuen Szene völlig verschwunden. In der aufgeblasenen Interviewrhetorik erscheint erneut eine urtümlich wirkende Erzählung des Teufels, die ihm die satanischen Züge des Zerstörers, des biblischen, ausschließlich negativ besetzten Feindes zurückgibt. Ob die jugendlichen Musiker zu Beginn der 1990er tatsächlich an einen derartigen Teufel glaubten, wie sie in Interviews angaben, oder ob es sich lediglich um Imagearbeit handelte – im Mittelpunkt stand jedenfalls kein Teufel im symbolischen Sinne LaVeys mehr. Vielmehr ging es nun um die Vorstellung einer personellen, tatsächlich existierenden, übernatürlichen Macht. Die Religionswissenschaft bezeichnet diese Teufelsvorstellung als „theistischen" Satanismus. Dabei muss es sich nicht zwangsläufig um den Teufel der christlichen Überlieferung handeln. So hat etwa die Gruppierung Temple of Set Satan durch den zerstörerischen altägyptischen Wüstengott Set ersetzt und der skandinavische Temple of Black Light, der vor allem die „orthodoxen" schwedischen Black Metal-Bands beeinflusste, vertritt die Vorstellung eines alles verschlingenden anti-kosmischen Chaos.

Die vom theistischen Satanismus inspirierten Bands präsentieren sich in Songs und Interviews dabei oft als besessene Diener einer bösen Macht, die sie vorgeblich als Meister oder Gottheit anerkennen: „Wenn wir Musik machen und unsere Botschaft verkünden, nimmt Satan Besitz von uns und gebraucht uns als seine Instrumente, um seine Musik zu spielen", schildern Dark Funeral noch 1998 im Interview.[82]

In Abgrenzung zu liberaleren, metaphorischen Systemen in der Tradition LaVeys handelt es sich um einen gezielten Rückschritt: Ganz im Sinne der kirchlichen Lehre wird der Teufel als Personifikation des absoluten Bösen, als „Feind Nummer Eins" verstanden. Das Neue, was aber auch schon Krawallsatanisten wie Venom oder die okkulten Rockbands der 1960er einleiteten, ist der „Seitenwechsel", den die Bands vollziehen. Nicht Gott ist es, den man verehrt, sondern der Teufel – oder je nach Überzeugung seine Stellvertreter Set, Typhon oder das anti-kosmische Chaos. Nicht das Gute wird am Ende siegen, sondern das Böse. Wenngleich diese Art von Satanismus auf einer oberflächlichen Ebene auf das Christentum abzielt, übernimmt es doch dessen apokalyptische Theologie und bewegt sich in dem von der Kirchenlehre vorgegebenen dualistischen Rahmen.

Da eine verbindliche Liturgie oder institutionelle Autoritäten fehlen, findet die Begegnung mit einer übergeordneten, gefährlichen und bösen Macht dabei oft auf einer rein emotionalen Ebene statt, die durch die Musik und ihre klangästhetischen Stimmungen von Bedrohung, Kälte und Raserei ausgedrückt wird. In dieser gefühlsmäßigen Wahrnehmung des Bösen liegt auch ein Unterschied zu der Faszination früherer Rockbands, etwa Led Zeppelin oder Coven, deren Beschäftigung mit okkulten oder satanistischen Systemen in der Regel intellektueller war und auf Büchern oder dem Gedankenaustausch mit Vertretern okkulter Gruppen basierte. Ein Beispiel für diese neue Haltung ist eine Aussage Vassagos von der schwedischen Band Lord Belial: „Für mich ist es zu 80 % eine Sache der Seele und des Herzens und nicht gedruckter Buchstaben."[83]

Ein Schlüsselbegriff für diesen emotionalen Umgang mit der ungeheuren Macht Satans ist „Atmosphäre". Nahezu in allen Interviews der Black Metal-Gruppen der 1990er Jahre wird das Ziel ausgegeben, die Hörerinnen und Hörer mit einer bösen Atmosphäre zu überwältigen und von der Macht des Teufels zu überzeugen. Entsprechend ist der musikalische Haupteinfluss für viele Bands dieser Richtung nicht mehr das rohe, lärmende Geprügel der Urväter Bathory oder Venom. Mit dem Wandel der teuflischen Leiterzählung veränderte sich auch der Sound. Stilprägend dafür sind Teile von Emperors Debütalbum *In the Nightside Eclipse* (1994). Anstelle der ungezügelten Wildheit und rauen „Proberaum"-Produktionen, setzten Bands nun auf tragende, in der Regel sehr simpel gehaltene, eingängige Melodien und Keyboards mit Chor-, Streicher- oder gar Kirchenorgelsounds. Sie sollen eine dunkle und majestätische Atmosphäre erzeugen. Die Dissonanzen, die bereits in der mittelalterlichen Musik teuflische Inhalte transportierten, sind out. Das „Erhabene", das „Majestätische", das „Dunkle", mit dem die Bands Satan assoziieren, strebten die jungen Musiker nun durch wabernde, flächige Sounds und leicht nachzuvollziehende Harmonien an. Traditionalisten lehnen das, was man heute als Melodic Black Metal kennt und was mit Vertretern wie Dimmu Borgir zu den erfolgreichsten Stilen im Heavy Metal überhaupt zählt, als verweichlicht ab – zu melodiös, zu gefällig, zu kommerziell.

Trotz aller Authentizitätsbeteuerungen der Bands ist davon auszugehen, dass auch in dieser Spielart des Black Metal neben einem kreativen Interesse am Teufel noch weitere Motive im Spiel sind. Die angestrebte „böse" Atmosphäre hat in vielen Fällen auch einen eskapistischen Hintergrund, beruht also auf dem Versuch, der harschen Wirklichkeit zu entfliehen. Ein Musiker der französischen Black Metal-Band Blessed in Sin erläutert:

> [I]ch würde sagen, dass mich meine Kompositionen zu einem anderen Ort oder in die tiefsten Tiefen meiner Seele bringen können. Manchmal ist es wie eine Reise in meiner inneren Welt oder einer anderen Welt. Ich hasse die Realität, ihre Realität, somit sind meine Kompositionen, Gefühle, Gedanken, Sex und Isolation wie Schlüssel, um meine eigene Realität zu erschaffen und in sie einzudringen.[84]

Die christenfeindliche, satanistische Grundideologie vermischt sich darin häufig mit Fantasy-Elementen, die einmal mehr vor allem ästhetischer Mehrwert für die zu verkaufende Musik sind. Erneut haben wir es also vielfach mit Schauspielern zu tun, die zwar Satan spielen, aber deshalb in Wahrheit noch lange nicht böse sind. Der Kreis zu Venom oder anderen „Show-Satanisten" schließt sich an dieser Stelle. Die einflussreichen norwegischen Black Metal-Pioniere Immortal geben freimütig zu, die Band verfolge „quasi ein Evil-Fantasy-Konzept. Das ist pure Unterhaltung und nicht so ernst gemeint, ohne Bezug zur Religion oder Wirklichkeit."[85] Noch deutlicher zeigt ein Statement von Ares (bürgerlich Ronny Hovland) der norwegischen Band Aeturnus, wie auch in der Black Metal-Szene der 1990er die Grenzen zwischen Show und persönlicher Überzeugung verwischen:

> Ich werde auf der Bühne zu einem anderen Wesen, zu Ares. Ares ist eine Kreatur, die in mir wohnt und die erst bei dem Klang meiner Musik ihre Persönlichkeit entfaltet. Mit den hinlänglich bekannten mythologischen Vorstellungen hat sie aber nichts zu tun. Die Songs werden von einer sehr dunklen Atmosphäre und einer Brutalität bestimmt, die in diesem Ausmaß nur eine eingeschlossene Gestalt freisetzen kann. [...] Als Ares durchlebe ich Sachen, von denen ich als Ronnie nur träumen kann. Das sind beinahe Halluzinationen. Ich werde aber kein krankes, verrücktes Monster, wenn ich spiele. Ansonsten lache ich übrigens sehr gerne. Abends sitze ich nicht in einer dunklen Ecke, höre auf gar keinen Fall Darkthrone und spiele auch nicht den bösen Mann, wie es viele meiner Kollegen tun. Das finde ich schlicht und einfach lächerlich. Wir sind doch alle mit einem gewissen Maß an Humor geboren worden.[86]

Ein weiteres für den Black Metal der 1990er Jahre typisches Erzählmotiv, das über deutliche eskapistische Züge verfügt, ist die bald stattfindende Endschlacht gegen die Menschheit im Allgemeinen und das Christentum im Speziellen. Ein Motiv, das sich auch schon bei den Höllensoldaten à la Venom findet. Gemeinsam sind dieser satanischen Apokalyptik der unheilsschwangere Tonfall, in dem die jungen Musiker wie ein teuflischer Nostradamus das bevorstehende Verderben in Interviews ankündigen, und die mittelalterlichen Szenarien, in denen nicht mit Panzern und Kampfjets Krieg geführt wird, sondern Mann gegen Mann mit eiserner Klinge. Auch hier ist die Nähe zum Fantasygenre unübersehbar, etwa wenn die norwegische Band Old Man's Child 1996 im Interview raunt:

> Meine Verbundenheit gilt seit jeher den Kriegern, die vor Jahrhunderten über unsere Erde schritten, im Gegensatz zu den lächerlichen Verlierern, die sie heute bevölkern. Deshalb handelt auch „Demons of the Thorncastle" von einer Horde Krieger, die in einem alten Schloss lebten. Als ihre Feinde kamen, wurden sie alle getötet. Die Zeit verging und merkwürdige Dinge begannen zu geschehen. Die Krieger wurden als Dämonen wiedergeboren und übten Rache. In „King of the Dark Ages" geht es um den Jüngsten Tag. Satan kommt, ruft seine Horden wach und erobert diese Welt.[87]

Als Beispiel kann auch eine Interviewpassage dienen, in der der norwegische Musiker Gaut die Hintergründe des Namens seiner Band Mactätus erklärt:

> Mactätus kommt aus dem Lateinischen. Dort steht das Wort für Schlachtfest oder Opfer. Für uns symbolisiert der Name all die Opfer, die wir bringen, um die Christenheit auf den Schlachtaltar zu zerren. Wir sind alle absolut antichristlich eingestellt und kämpfen gegen das Licht, um das alte heidnische Königreich von dieser Plage zu befreien.[88]

Hier stoßen wir auf ein weiteres Nebenmotiv, das häufig in Zusammenhang mit der beschworenen Apokalypse auftritt. Das nostalgische Ideal eines „alten heidnischen Königreiches", das durch den Sieg Satans wiederhergestellt werden soll, soll die Apokalypse rechtfertigen und einen Ausblick auf die Zeit nach dem Sieg der satanischen Heere über die Menschheit bieten. In Zusammenhang mit dieser Linie der satanischen Apokalyptik werden auch geschichtliche Figuren wie Diokletian oder Nero als Ikonen des Kampfes gegen das Christentum glorifiziert. In „Scourge of God" greifen die belgischen Black Metaller Enthroned auch die Figur des Hunnenkönigs Attila auf. Seine legendäre Brutalität mache ihn zum geeigneten Anführer in der Schlacht gegen das Gute.

Die bisherigen Beispiele zeigen, dass der Teufel der Black Metal-Szene wesentlich vielfältiger ist, als es der plakative Satanismus und die Glaubensbekenntnisse der Genrevertreter vermuten lassen. Der Satan, in dessen Namen zur Endschlacht gegen das Christentum aufgerufen wird, in dessen Zeichen in den 1990er Jahren Kirchen in Brand gesetzt wurden, der von zahlreichen Bands als Meister, Gottheit und dunkle Macht geschildert und vorgeblich verehrt wird, erscheint in anderer Hinsicht ebenso profan wie die schauerlichen Teufelsgestalten in den Horrorstories von Black Sabbath oder Demon und die provokant-schockierenden Teufeleien Venoms oder Sodoms. Das intellektuelle Niveau dieses rückwärtsgewandten Satanismus erweist sich dabei allgemein als gering. Besonders ab der zweiten Hälfte der

1990er wird vor allem bei den kommerziell erfolgreichen Bands immer zweifelhafter, ob tatsächlicher Glaubenseifer oder aber die Aussicht auf höhere Plattenverkäufe durch gezielte Imagearbeit hinter den satanischen Bekenntnissen stecken.

Was zunächst auf einen eindeutig religiös konnotierten Teufel hindeutet, löst sich so in ein diffuses Sammelsurium satanistischer Versatzstücke, atmosphärischer Szenarien und plumper Provokation auf. Jenseits des „orthodoxen" Underground, der ab den späten 1990ern mit ernsthafter reflektierter Spiritualität und anspruchsvollerem Sound beginnt, sich der Kommerzialisierung des Bösen zu entziehen, wird der Teufel einmal mehr zur Bühnenrequisite in der Inszenierung von Identitäten. Nicht zuletzt dient er als Identifikationsfigur pubertärer Selbstermächtigung und apokalyptischer, männlich-kriegerischer Allmachtsträume.

Wie mehrere Morde und die Kriminalität um den norwegischen „Inner Circle" zeigen, hat die Bejahung des Bösen aber nicht bloß eine spielerisch-ästhetische Dimension, sondern kann in instabilen Phasen oder persönlichen Krisen zu Gewalt, Selbstverletzung und einem Abgleiten in Depressionen oder Drogenmissbrauch führen. Die ungewöhnlich hohe Suizidrate unter Black Metal-Musikern zeigt, dass Satanismus auch ein ernstzunehmendes psychologisches und pädagogisches Problem ist, indem er tieferliegende persönliche Feindbilder, Ängste und Traumata an die Oberfläche bringen kann. Das sollte man jenseits der schrillen Ästhetik ernst nehmen.

11
„Aryan Black Metal":
Von Satan zu Hitler

*Zerstöre die Demokratie, das Christentum, die amerikanische Kultur.
Es ist höchste Zeit aufzuwachen und einen neuen Krieg zu beginnen!*

Rob Darken, Graveland, 1995

Ab der zweiten Hälfte der 1990er Jahre etabliert sich an den extremen Rändern der Black Metal-Szene eine letzte große, satanische Erzählung. Sie verleiht dem Teufel neue Brisanz. Der überraschende kommerzielle Erfolg des Black Metal hatte satanistische Symbolik und Texte im breiteren Mainstream der Metalszene und darüber hinaus popularisiert. Während die radikalen Ansichten des frühen Underground im Zuge dieser Aneignung durch die Musikindustrie weitestgehend an Schärfe verloren und der Black Metal zu einem bloßen ästhetischen Programm von Pentagrammen, geschminkten Gesichtern und Sound verkam, zogen sich Teile der Undergroundszene auf noch extremere Positionen zurück. Wo Satanismus in den Mainstreamcharts und auf den Bühnen großer Open Air Festivals gefeiert und Black Metal in Norwegen zur Touristenattraktion und zum staatlich geförderten kulturellen Erbe wurde, hatte der Teufel seine Hörner eingebüßt. Um gefährlich zu bleiben, musste eine weitere Grenze überschritten werden. In die diabolische Schwärze mischten sich so ab Mitte der Neunziger deutlich sichtbar braune Schlieren – bis heute.

Die Identifikation mit politischen Extremen in Interviews und den Begleittexten von Alben war bereits in der frühesten Entwicklungsphase des Black Metal eine geläufige Form der Provokation. Die politischen Äußerungen der damals jugendlichen Musiker entlarvten sich in ihrer kruden Widersprüchlichkeit jedoch meist als plumpe

Versuche, über Kontroversen Aufmerksamkeit zu erzeugen. So erläutert der damals 21-jährige Dead, Sänger der Genrepioniere Mayhem, in einem Interview von 1990 die politischen Überzeugungen seiner Bandmitglieder:

> Euronymous ist total fasziniert von kommunistischen Staaten, die er krank findet, mit eisernen Grenzen und Sprachen, die sonst niemand versteht. Necrobutcher ist nur an Verbrechen und Drogen interessiert und tendiert zum Rechtsradikalismus. Hellhammer würde am liebsten ein Diktator sein, da er total auf Nazikram und Faschismus abfährt. Ich, Dead, finde, dass Politik nur Crap ist und halte mich da raus.[89]

Derartig unreflektierte politische Imagearbeit ist auch bei anderen Akteuren des Frühneunziger-Black-Metal zu beobachten. Auf dem Backcover der ersten Auflage ihrer LP *Transilvanian Hunger* von 1994 bezeichnen Darkthrone ihre Musik als „norwegisch-arischen Black Metal" und Drummer Fenriz entgegnete auf die Welle der Kritik, die der Band und ihrer Plattenfirma Peaceville aufgrund dieses Statements aus der Szene entgegenschlug: „Sollte jemand versuchen, diese LP zu kritisieren, sollte er wegen seines offensichtlich jüdischen Benehmens gründlich gescholten werden."[90] Die meisten Musiker distanzierten sich freilich nur wenige Jahre später – teils mit fortschreitendem Alter, teils auf Druck ihrer Plattenfirmen und der Szeneöffentlichkeit – peinlich berührt von den „dummen Jugendsünden". Von Publikum und Szenepresse wird dies oft als ehrliche Reue und Teil eines Reifungsprozesses akzeptiert. Teils müssen Musiker, deren Distanzierungen nicht glaubhaft genug scheinen, aber auch bis heute kritischen Nachfragen und Forderungen nach Auftrittsverboten begegnen, was die im Heavy Metal aktuell intensiver denn je geführte Debatte zu Kunstfreiheit und den Grenzen politischer Provokation belegt.

Eine Wende von satanistischer Provokation zu faschistischer Aktion ist in der Szene spätestens mit der Verhaftung Varg Vikernes (Burzum) wegen Mordes im Jahr 1993 festzustellen. Schöpften die frühen Alben Burzums trotz aller Eigenständigkeit noch weitgehend aus den ästhetischen Konventionen der Szene, wandelte sich Vikernes während seines Gefängnisaufenthaltes zum Neonazi. Bereits während des von den Medien intensiv begleiteten Gerichtsprozesses, den Vikernes geschickt zur Selbststilisierung als „Staatsfeind Nummer Eins" nutzte, prahlte der damals 21-Jährige mit angeblichen Kontakten zum Ku-Klux-Klan. Auch bekundete er Sympathien für das norwegische Marionettenregime Vidkun Quislings (1887–1945) während der Zeit der deutschen Besatzung im Zweiten Weltkrieg. Ein gefestigtes rechtsextremes Weltbild entwickelte Vikernes bereits in den ersten drei Jahren seiner Haft. Er distanzierte sich vom Satanismus und bezeichnete sich als bekennender Anhänger Odins, da ihm der Glaube an den altnordischen Göttervater seiner „Art entsprechender erschien". Rasch folgte eine Entwicklung hin zu rechtsextremen Ideen, die er in einer Reihe von Publikationen – im Wesentlichen über das Internet veröffentlichte Essays zu Vikernes „heidnischen", rassistischen und antisemitischen Gedanken – aus dem Gefängnis heraus verbreitete.

Im Zuge dieser Publikationstätigkeit knüpfte Vikernes Kontakte zur internationalen rechtsextremen Szene, die den medienaffinen Norweger zum Märtyrer stilisierte. Als geistiger „Ziehvater" wirkte im Besonderen Jan Erik Kvamsdahl, ein norwegischer Esoteriker und führendes Mitglied der Neonazigruppe Zorn 88. Gemeinsam mit Kvamsdahl baute Vikernes vom Gefängnis aus die Norsk Hedensk Front (NHF) auf, die mit anderen nationalen Neonazigruppen wie der 1997 gegründeten Deutschen Heidnischen Front unter dem Dachverband der international operierenden Allgermanic Heathen Front (AHF) eingegliedert ist. Das Ziel der AHF, so Vikernes, sei

> ein weißes Europa, das von dem nordisch-germanischen Volk dominiert wird. Wir kämpfen für den Nationalsozialismus und den Wotanismus. [...] Die AHF ist nicht für Punks und andere primitive Individuen [...]. Wir verlangen ernsthafte, vorzugsweise erwachsene, disziplinierte Personen, mit einer überdurchschnittlichen militärischen oder gleichwertigen Ausbildung.[91]

Gerade vor dem aktuellen Hintergrund einer im Metal zunehmend hitzig geführten Diskussion über Formen politischer Provokation irritiert doch, wie leicht es rechtsextremen Kräften ab Mitte der Neunziger fiel, Teile der Black Metal-Kultur zu vereinnahmen. Aus dem ethischen Kontext des Black Metal selbst betrachtet, überrascht die Verbindung von satanistischen und rechtsextremen Positionen jedoch kaum. Neben der menschenfeindlichen Ideologie, die Black Metal von Beginn an eingeschrieben war, begünstigte auch das Interesse an ästhetischen und politischen Extremen Annäherungen zwischen den genretypischen Apokalypse- und politisch oder rassistisch fundierten Auslöschungsphantasien. Eine zentrale Rolle kommt dabei dem für die Szene charakteristischen Spiel mit Satanismus und religiöser Ästhetik zu. Ein Knoten zwischen satanistischen Ideen und rechter Ideologie, der gegen Mitte der 1990er unter anderem von Vikernes geknüpft wurde, ist die Umdeutung des in unzähligen Texten beschworenen Kampfes gegen den christlichen Glauben zu einem Kampf gegen den *jüdisch*-christlichen Glauben. Das Szenario hatte sich dadurch schlagartig geändert. Der diffuse, unreflektierte Krieg gegen das Christentum im Auftrag Satans, der bislang – trotz allem menschenverachtenden Vokabular – in seiner Inszenierung eher an einen dunklen Fantasyfilm mit Kriegern und Dämonen erinnerte, gewann durch seine Verankerung in rechtsextremen Geschichtsnarrativen an Brisanz.

Auch der Elitismus eines Großteils der frühen Black Metal-Bands begünstigte die Übernahme rechtsextremer Positionen. Der protofaschistische Sozialdarwinismus einzelner Bands schlug schnell in offenen Antisemitismus um. Einem „satanischen Übermenschen" stand nun – wie der Fall Vikernes exemplarisch illustriert – ein „jüdisch-christlicher Untermensch" gegenüber.

An dieser Stelle kommt eine weitere Argumentationslinie zum Tragen, die im Wesentlichen von Vikernes innerhalb der Szene popularisiert wurde. Durch seine Gleichsetzung von Christentum und

11 „Aryan Black Metal": Von Satan zu Hitler

Judentum ist es für die „Neue Rechte" der Black Metal-Szene ein kleiner Schritt, auch den christlichen Glauben – in nationalsozialistischem Sprachduktus und von völkischer Ideengeschichte inspiriert – als „artfremd" für Europa zu bezeichnen. Parallel dazu etablierte sich etwa ab 1995 die Bezeichnung National Socialist Black Metal (NSBM) für die zunehmend militant auftretenden Bands, die sich nun auch sukzessive von Satan selbst lösten. Denn wenn der christliche Glaube „artfremd" ist, gilt das auch für den Glauben an den Teufel. Nach dem Vorbild Vikernes' wandten sich ehemalige Satanisten mehr und mehr neuheidnischen Themen zu.

Die politische Zuspitzung des Heidentums als einer „arteigenen" durch Blut und Boden dem „germanischen" Menschen naturgemäßen Religion durch rassistische Black Metal-Musiker wie Varg Vikernes ist keine neue Idee. Die Wurzeln liegen in den verschiedenen deutschnationalen und rassistischen Vereinen der „Völkischen Bewegung", die ab 1890 einen großen Einfluss auf die Öffentlichkeit im Deutschen Reich ausübten. Die Kernforderung dieser durch ihre antiliberale Grundhaltung und die Überzeugung von der Überlegenheit der „arischen Rasse" geeinten Gruppen war unter anderem eine „arteigene", der „Rasse" und dem deutschen Volk wesensgemäße Religion. Sie wurde zunächst von einer Reihe okkulter Zirkel aufgegriffen, die sich aus Anhängern der „Ariosophie" zusammensetzten.

Die von Esoterikern wie dem Wiener Guido von List vertretene Ariosophie ist eine mythologisch verbrämte Rassenlehre mit ausgeprägten antisemitischen und antiliberalen Zügen. Ihre Ideale sollten sich laut den Ariosophen in einem utopischen, der „arischen Rasse" vorbehaltenen „Ario-Germanien" verwirklichen. Über unterschiedlichste personelle Verbindungen fanden diese Ideen Eingang in die Ideologie der Nationalsozialisten, von wo aus sie ab der zweiten Hälfte des 20. Jahrhunderts auch in die esoterische, rechtsextreme und neurechte Literatur der Gegenwart und damit auch in die Pamphlete der nationalsozialistischen Black Metal-Szene sickerten.

Das also ist die Ideenwelt, die über Personen wie Vikernes nun Einzug in die neue National Socialist Black Metal-Szene hielt. Einen typischen Einblick in deren diffuse Feindbilder bietet eine Tirade des polnischen NSBM-Musikers Rob Darken der Band Graveland gegenüber dem *Ablaze*-Magazin:

> Wir unterstützen alle Terroraktivitäten gegen das Christentum und die Demokratie! Der Black Metal-Krieg muss mit blutigem Feuer beginnen! Krieg schützt den Black Metal. Lass die Judenverschwörung uns nicht zerstören! [...] Wenn's eines Tages nach Europa geht, werden wir verbrennen und töten, keine Konzerte spielen! Wir werden unsere Reise bei einigen jüdischen Schweinen beginnen! [...] Die deutsche Kriegslust muss erwachen! Das arische Europa wird sterben, wenn wir nicht erwachen! Wir sollten menschenfreundliche Ideen zerstören! Aber wir tun nichts und viele Leute aus der Türkei, Neger und andere Subkulturen kommen in unser Land und mischen unser Blut! Sie zerstören unsere Kultur und Traditionen![92]

Die Bandbiografie Gravelands zeigt beispielhaft die Entwicklung von satanistischen zu rechtsextremen Konventionen in der frühen NSBM-Szene. Bereits seit der ersten Hälfte der 1990er Jahre war Bandchef Rob Darken (bürgerlich Robert Fudali) in der polnischen Szene aktiv. Nach dem Vorbild des norwegischen „Inner Circle" gründete er mit befreundeten Musikern den „Temple of Fullmoon", der zur Keimzelle für die Entwicklung der polnischen Black Metal-Szene wurde. Ähnlich wie die norwegischen Teenager um Euronymous arbeitete der „Temple" an seinem Image als elitärer Zirkel gewaltbereiter satanistischer Eingeweihter mit Alleinvertretungsanspruch auf den „wahren" Black Metal: „Alle wahren Black Metal-Bands aus Polen gehören zu unserem hermetischen Orden, dem The Temple of Fullmoon. [...] Der Rest wird ordnungsgemäß von unserer Legion [dem elitären bewaffneten Arm des „Temple"] zerstört", äußerte sich Darken 1995 gegenüber dem *Genocide*-Fanzine.[93]

Im Zuge der Unterwanderung der Szene durch rechtsextreme Kräfte entstand ab Mitte der Neunzigerjahre in der Verbindung teuflischer und politischer Symbole auch eine neue visuelle Kultur. Die bestehenden Codes, die umgedrehten Kreuze, die Pentagramme, die okkulte Symbolik, werden auf Plattencovern, Flyern und Shirts nun ergänzt von Hakenkreuzen, SS-Runen und Nazi-Emblemen, was gerade in den osteuropäischen Szenen deutlich sichtbar wird. So posierte die polnische Band Fullmoon auf frühen Bandfotos noch den alten satanischen Konventionen der Szene entsprechend in Corpsepaint, dunklen Umhängen und mit Sensen, Messern und okkultem Schmuck. Bereits das Cover ihres zweiten Demos mit dem bezeichnenden Titel *United Aryan Evil* (1997) zeigt hingegen einen Neonaziaufmarsch, der 1994 im polnischen Szklarska Poreba fotografiert wurde. Die kurzgeschorenen Köpfe der Teilnehmer des Aufmarsches sowie die Standarte mit Reichsadler und Keltenkreuz bilden dabei einen grotesken Kontrast zu den vampirisch geschminkten und langhaarigen Musikern in ihren wallenden Gewändern auf den früheren Bandfotos.

Eine ähnliche Entwicklung gab es auch in Deutschland. Dies illustriert beispielsweise die Band Lord of Evil. Ihren Black Metal-typischen Namen änderte sie in WAR88 um, was laut Band ein Akronym für „White Aryan Resistance Heil Hitler" ist. Die Namensänderung begründete Gitarrist Arcadius Pieper: „Wir gaben den Satanismus auf, weil wir das wahre Gesicht des Nationalsozialismus verstanden hatten."[94]

Eine bedeutende Rolle nahm in Deutschland Hendrik Möbus ein, Mitglied der in NSBM-Szenekreisen bis heute populären Band Absurd. Wie Varg Vikernes wandte sich Möbus während einer Haftstrafe wegen Mordes an einem Klassenkameraden nationalsozialistischen Ideologien zu. Frühen Kultstatus in einschlägigen Kreisen erlangte Absurds *Thuringian Pagan Madness*-Tape (1995), in dessen Begleitheft die Band auf Englisch schreibt:

11 „Aryan Black Metal": Von Satan zu Hitler

> Diese Veröffentlichung ist eine bleibende Huldigung an unsere volksdeutschen Kameraden in Schlesien und Pommern. Wir sind für immer vereint im Großgermanischen Reich, das einst der große Geist des Führers Adolf Hitler schuf [...]. Eines Tages wird die Welt wissen, dass Adolf Hitler recht hatte, und das wird der Tag unseres Endsieges sein.

Ab Mitte der 1990er entwickelte sich der NSBM unter dem Einfluss einzelner Bands wie Burzum, Absurd oder Graveland so zu einem internationalen Phänomen, das heute vor allem in Osteuropa, Deutschland und den USA starke Anhängerschaften hat.

Die breite Metal-Szene und auch andere Teile der gegenwärtigen Black Metal-Szene lehnen NSBM ab. Dabei sieht sich die Szene heute einer wesentlich komplexeren Form rechter Ästhetik und Ideologie gegenüber. So hat der internationale Erfolg des NSBM vor allem mit dem Internet der 2000er Jahre eigene Internetforen, Labels, Festivals und Bands hervorgebracht. Diese kommerziellen Strukturen überschneiden sich häufig mit denen der breiteren Metal-Szene: etwa, wenn große Mailorderkataloge *auch* Alben von rechtsextremen Bands im Programm haben, oder umgekehrt, wenn nach Eigenaussage und künstlerischem Output „unpolitische" Bands über Labels mit Schwerpunkt auf rechtsextremen Acts veröffentlichen. Die Frage nach dieser „Grauzone" zwischen politisch bedenklichen und unbedenklichen Künstlern bildet gegenwärtig die wahrscheinlich intensivste Debatte im Heavy Metal. Denn längst haben sich rechtsextreme Bands – parallel zur Neuen Rechten – von allzu offensichtlicher neonazistischer Symbolik gelöst und neue ästhetische und ideologische Programme entwickelt. Darin spiegeln sich auch andere Themen des aktuellen Kulturkampfes von rechts wider, etwa antifeministische, antiislamische oder identitäre Positionen im Allgemeinen. Das Spektrum reicht von provokanten Statements, etwa dem Liebäugeln mit „starken Männern" wie Trump, Putin und Orban, bis hin zu gemeinsamen Wehrsport-Übungen von rechtsextremen Milizen, Kampfsportlern und NSBM-Anhängern.

Weil in Deutschland härter gegen rechts durchgegriffen wird, haben sich ab den 2010er Jahren vor allem Italien, Russland und die Ukraine als Hotspots der Szene und Standorte für Festivals und internationale Treffen etabliert. Vor dem russischen Angriff auf die Ukraine, der auch Strukturen der lokalen NSBM-Szene zerstörte, konnten aktuelle Aushängeschilder der neueren, identitären NSBM-Szene, wie die Franzosen Peste Noire oder die Ukrainer M8L8TH teils vor einem vierstelligen internationalen Publikum auftreten.

Der Teufel in alldem? Nur noch Folklore.

12
„Genies, Sorcerers and Mesopotamian Nights": Die Globalisierung des Teuflischen

> The Order of Mesopotamia will rise
> The post wisdom treasure will finally be earned
> Secrets unveiled in the most abstract ways
> Genies, sorcerers and Mesopotamian tales
>
> *Melechesh, „Genies, Sorcerers and Mesopotamian Nights", 2001*

Zu Beginn der 1980er Jahre geschehen merkwürdige Dinge in Japan: Schwarz-geschminkte Musiker in den Wäldern über Tokio spucken Feuer und posieren mit Waffen. Auf den Bühnen der Hauptstadt ein Höllenlärm, wie man ihn bislang nur von britischen Bands wie Venom und Motörhead kannte. Und das seltsamste: In den Texten ging es um den Teufel, schwarze Messen und Satanismus – kaum etwas konnte exotischer für das junge japanische Publikum der Zeit wirken. Satan eroberte über das Medium Heavy Metal nun auch den fernen Osten. Damit beginnen zahlreiche neue Erzählungen, die das große Narrativ der teuflischen Rebellion für transkulturelle Aneignungen öffnen und anpassen. Mit Metal wird der Teufel zum Global Player.

Spätestens seit Mitte der 1980er ist die weltweite Popularisierung des Heavy Metal zu beobachten. Als Teil der Popkultur erreicht die Musik Länder wie Japan, die Türkei, China, Pakistan, Singapur, Israel oder den Irak, wo sich teils noch in den 1980er Jahren, teils erst in den 2000er Jahren eigene Szenen bilden. In der Gegenwart ist Heavy Metal eine nahezu globale Kultur, die als Medium der Verständigung und des Austauschs funktioniert, aber auch spannende regionale Besonderheiten hervorgebracht hat.

Bei den schauerlichen Teufelsanbetern, die 1984 das Publikum in der japanischen Hauptstadt überrumpelten – und faszinierten – handelt es sich übrigens um Sabbat. Nicht nur im Bandnamen, der das Motiv des Hexensabbats und natürlich die Vorbilder Black Sabbath aufgreift, auch in der Verwendung von Pseudonymen – Bandgründer Masaki Tachi nennt sich etwa Gezoluzifer – wird die direkte Orientierung an europäischen Vorbildern deutlich. Als Einfluss sind an erster Stelle Venom zu nennen, aber auch weitere Bands der NWOBHM, die zu Beginn der 1980er satanische Bilder und Texte im Heavy Metal kultivierten. Der zentrale Antrieb für Sabbat, sich ein satanisches Image zu verpassen und entsprechend extreme Musik zu kreieren, entsprang dabei dem gleichen Bedürfnis nach Transgression und Rebellion: dem Wunsch, sich aus den Konventionen zu lösen und sich durch ein möglichst individuelles Image von konkurrierenden Bands abzusetzen. Gezoluzifer erläutert im Interview:

> Damals, '84, gab es in Japan keine Satanic- oder Black Metal-Bands wie Sabbat. Klar, wir waren ja die erste Band, die diese Art von Metal in Japan spielte. Der japanische Metal um '84 war so etwas wie die „Goldene Ära des Thrash Metal und Traditional". Das war die beste Zeit. Kennst du die Bands Casbah, Jurassic Jade, Doom, Raging Fury ... oder Loudness, 44 Magnum, Sniper, Reation? Ich habe es gehasst, dasselbe zu machen wie die, also habe ich natürlich Satanic und Black Metal gewählt. Das ist „mein Weg"! Ich mochte Dinge wie das Okkulte, Geister, Satanismus, seltsame Geschichten, so dass es für mich und auch für die anderen Mitglieder ganz natürlich war.[95]

Das große Vorbild Venom kopieren Sabbat perfekt. Auf Bandfotos posieren Gezoluzifer und seine wechselnden Mitstreiter wilde Grimassen schneidend, bewaffnet und bekleidet mit Leder, Nieten und okkulten Symbolen, um die eigene „Gefährlichkeit" zu betonen. Auch die Bildsprache orientiert sich unmittelbar an den zu Beginn der Achtzigerjahre etablierten blasphemischen Szenekonventionen. So zeigt das Cover der ersten, selbstbetitelten Single von Sabbat vor nächtlichem Friedhofshintergrund die skelettartige Gestalt des Todes. Er ist gehüllt in eine Robe mit Kapuze und Kreuz um den Hals. Mit seiner Rechten hält er den blutenden Kopf eines Priesters an den Haaren, der mit vor Entsetzen weit aufgerissenen Augen und Mund auf die Axt blickt, die der Tod bedrohlich zum Schlag bereit in seiner Linken hält (▶ Abb. 11).

Abb. 11: Antichristliche Bildklischees des europäischen Black Metal auf dem Cover der Japaner Sabbat.

Das Szenario mit all seinen Requisiten – Tod, Grabsteine, Fledermäuse, Nacht – ist typisch für den satanisch geprägten Heavy Metal der Zeit und könnte so auch auf den Alben europäischer Bands erscheinen. Ähnlich verhält es sich mit den Texten. Mit Ausnahme des holprigen Englisch handelt es sich um die gleichen Szenarien von Teufelsbünden, wie sie auch Venom, Pagan Altar und andere genüsslich ausmalten. So schildern Sabbat in „Black Fire" (1985) aus charakteristischer Ich-Perspektive die schauerlichen Vorkommnisse während einer nächtlichen Teufelsbeschwörung:

> The cursed hill is callin me
> No future for you, aimed you by us
> Take scattring flesh blood
> Devil's wings, give to them, evil wings
> Take cursed black fire
> Go mad for rite, chant, pray, dance, shout
> Insane world now in there
> A figure comes out, surrounds us in screams
> Poisoned spells, blazing up, into the fire
>
> We're drawn in, black fire! Black fire!
> Shout it! Get it! Dancin, now! Burnin, now!

Das klassische Motiv des Hexensabbats wiederum verarbeiten Sabbat in „Mion's Hill" (1985). Der Teufel erscheint dabei als ehrfurchtgebietender Meister, vor dem der Erzähler kniet. Ihm werden Opfer dargeboten und er unterweist die Teilnehmer des Sabbats in schwarzer Magie.

Sabbat waren nicht die einzige japanische Band, die sich stark von der „ersten Generation" des Black Metal um Venom, Bathory oder Satan beeinflusst zeigt. Ähnliche Adaptionen der westlichen Vorbilder finden sich auch bei der 1985 gegründeten Thrash Metal-Band Sacrifice aus Tokio. Wem das namensgebende „Opfer" gilt, wird auch hier schnell deutlich. So zeigt das Cover der ersten LP *Crest of Black* (1987) auf schwarzem Hintergrund einen gehörnten Totenschädel mit eisernem Ritterhelm, der den Betrachter mit einem glühenden Auge bedrohlich mustert. Die in dämonischem Grinsen entblößten Reißzähne des teuflischen Schädels werden in Songtiteln wie „Lucifer Smiles" wieder aufgenommen.

Ähnlich wurde auch die „zweite Generation" des westlichen, skandinavischen Black Metal adaptiert. Mit Songs wie „Belial Rising" greift die Singapurer Band Draconis Infernum auf ihrer Platte *Death in my Veins* (2008) direkt die satanistischen Motive der europäischen Szene auf, die den Teufel nach theologischem Vorbild als reale Wesenheit darstellen. In charakteristischer Manier inszeniert sich der

Ich-Erzähler als mit dem Teufel im Bunde. Während einer dunklen, stürmischen Nacht dringt er in eine Gruft ein, um dort den gefallenen Engel Belial zu befreien. Sein Ziel: einen nicht näher benannten „heiligen Orden" zu zerstören. Nicht nur im Bandnamen, der auf den höllischen Drachen der Apokalypse anspielt, sondern auch auf zugehörigen Bandfotos kopieren Draconis Infernum die Codes der Szene. Die Band posiert mit verzerrten, mit Corpsepaint geschminkten Gesichtern in einem dunklen Wald. Im charakteristischen Stil zahlreicher Plattencover der skandinavischen Szene ist das Bild gänzlich schwarz-weiß gehalten, so dass sich nur die kalkweißen Gesichter der Musiker vor dem nächtlichen Hintergrund abzeichnen.

Das gleiche Bild bieten Wrath of Despot aus China. Auf Bandfotos posiert die Band mit Corpsepaint, Nagelarmbändern, Pentagrammketten und Shirts der bekannten schwedischen Black Metal-Band Dark Funeral. Unter dem Mond prangt in der Mitte des Covers ihres Albums *Black Tomb* (2007) das szenetypisch verschnörkelte Bandlogo vor einem Pentagramm mit Drachenflügeln. Lediglich die Übersetzung von Bandname und Albumtitel in Mandarin in der unteren Bildhälfte lassen erkennen, dass es sich um keine norwegische, sondern eine chinesische Gruppe handelt.

Egal ob Sabbat oder Draconis Infernum – reduziert auf eine schauerliche Horrorästhetik und die Realitätsflucht in Okkultszenarien funktionieren diese fernöstlichen Kopien des Teufels im Metal auch ohne den christlich-kulturellen Background, der für westliche Bands die zentrale Angriffsfläche bot. Die bloße Exotik genügt.

Mit dem Internet wurde „teuflischer" Metal zu einem nahezu völlig globalen Phänomen, andererseits begann er sich nun auch auszudifferenzieren. Die Ästhetik der europäischen Vorbilder wurde nicht mehr bloß kopiert. Stattdessen machten sich auch Innovationen und regionalspezifische Anpassungen der traditionellen Bildsprachen bemerkbar. Bei der Band Dhul-Quarnayn aus Bahrain ergibt sich dabei ein gespaltenes Bild. Auf Bandfotos präsentiert sich Bandkopf Learza einerseits ganz im Stil skandinavischer Black Metal-Bands. In schwarze Roben gehüllt und mit Corpsepaint posiert er mit einem umgedrehten Kreuz in der Hand. Auch das Bandlogo mit eingeflochtenem Pentagramm orientiert sich an den szenetypischen flammenden Schnörkeln und wirkt ebenso konventionell wie mancher Text der Band:

> The Gods envy us
> Burning crypt below
> Swords of battles lie side by side
> Cemetery unaware to mortal realms
> Carved by death, a chalice of blood
> Stallions of hell's empire
> Break through the lightning of armageddon
> Shattering the barriers of earth
>
> Triumph, hate, blasphemy
> War, isolation, devastation
> Destruction, chaos, wrath
> Fury, torment, rebirth

Noch deutlicher verortet die israelische Band Arallu ihre genretypische Apokalyptik im Nahen Osten: Das Artwork des zweiten Albums *Satanic War in Jerusalem* (2002) zeigt die nächtliche Silhouette der brennenden Stadt und des Tempelbergs. Feuerfontänen erzeugen den Eindruck einer Hölle auf Erden. Der Text zu „Arallu's Rage" schildert die Vorkommnisse um die Vernichtung Jerusalems. Der satanische Dschinn-König Arallu rächt sich mit uralter „mesopotamischer Magie" an der „menschlichen Rasse", die ihn verraten hat. Der Teufel verwandelt sich im Zuge seiner Globalisierung in nahöstliche Geister – seine Funktion bleibt aber die gleiche:

> Mesopotamia empire
> Is keeping the magic
> Jerusalem 666 the ghost land

> Soldiers of satan
> Soldiers of war
> Soldiers from hell
> Arallu destroys the earth
>
> The gates of Jerusalem open for the demons
> The battle begins from the heart of the land
> And touching the big world [...]
>
> Arallu will punish the human race
> For betrayed the Genii king
> The human race betrayed the Genii king
> God is upon you!

Vor islamischem Hintergrund geben sich Comatose Cadaver aus Pakistan in ähnlicher Weise blasphemisch. Mit Plattentiteln wie *Khuda Ki Maut* („Tod Gottes", 2007) oder *Blood-Stained Sand* (2008) bewegt sich die Band in den gleichen Motivkombinationen wie Arallu und kombiniert plakative Hetze gegen Religion mit regionalen Versatzstücken ihrer Heimat. Das Feindbild ist nicht mehr das Christentum. Attackiert wird der vorherrschende Glaube im Herkunftsland der Band, was sich in einem Songtitel wie „Raping Allah" niederschlägt.

Dass angesichts der repressiven politischen Situation in Pakistan das Risiko für die Band ungleich höher ist als in Europa, wo Black Metal-Bands für Modeketten Werbung machen, muss nicht eigens betont werden. Interessant ist vielmehr, dass ausgerechnet die menschenfeindlichen, antidemokratischen Botschaften der europäischen Black Metal-Szene im Kontext autoritärer Unterdrückungssysteme für die jüngere Generation zu einer Stimme der Befreiung wurden. Die politische Sprengkraft des Teufels ist hier ungebrochen.

Mit dem Erstarken des fundamentalistischen Islam ist der Druck auf Heavy Metal-Fans in Ländern wie Saudi-Arabien, aber auch Marokko und Tunesien noch einmal deutlich gewachsen. Von Razzien gegen Metal-Fans in Schulen und Flugblättern, die vor Heavy Metal als Teufelsmusik warnen, berichtet etwa der syrische Filmemacher Monzer Darwish. In Marokko stürmten schon 2003 Polizisten ein Metal-Konzert. Mehrere junge Männer wurden festgenommen und wegen „Unterwanderung des Glaubens" zu einem Jahr Gefängnis verurteilt. Auch in Jordanien, Libanon und Ägypten bleibt die Situation für Heavy Metal prekär. Hohe mediale Aufmerksamkeit erfuhr 2020 auch der Fall der iranischen Band Arsames, deren Musiker wegen der Mitgliedschaft in einer „satanischen Metal-Band" und „Kritik an der Regierung" zu 15 Jahren Haft verurteilt wurden, aber noch rechtzeitig aus dem Land fliehen konnten. Offen blasphemische Erzählungen, das plakative Spiel mit teuflischer Bildsprache bleibt hier nicht lediglich eine ästhetische Verletzung geltender Normen, sondern hat ganz reale, gesellschaftspolitische Folgen.

13
„Satan is Real": Der Teufel als Gradmesser gesellschaftlicher Entwicklungen

Satan is real
Horror of tyranny
Human catastrophe!

Kreator, „Satan is Real", 2017

Was können wir nach dieser Spurensuche durch die satanischen Erzählungen des Heavy Metal festhalten? Zunächst sehen wir: Der Teufel ist überraschend vital. Sein Narrativ der Rebellion gegen Autoritäten bietet in vielerlei Hinsicht Anknüpfungspunkte für die spätmoderne und neoliberale Gegenwart mit ihrem Fokus auf Individualität. Egal ob als schauerlicher Widersacher wie bei Black Sabbath, als spektakuläre Provokation wie bei Venom, als düstere Show wie bei Alice Cooper, als spätpubertäre Allmachtsphantasie wie im norwegischen Black Metal der 1990er Jahre oder als nach Weihrauch und Patchouli duftendes Idol im spirituellen Okkultrock – die Anknüpfungspunkte für Bands und Fans sind zahllos.

Gerade die drastische Visualität des Satanischen im Heavy Metal bildet hierfür einen reichen Fundus. Die Ästhetik des Teuflischen eröffnet innerhalb einer häufig als erdrückend rational empfundenen Moderne archaische Gegenwelten auf Zeit. Elemente religiöser Bildsprache verfügen – besonders bei der jungen, kirchenfernen Generation – über die nötige Exotik. Gerade die karnevalesken Praktiken der Black Metal-Szene mit Pseudonymen, Schminke, mittelalterlicher Kostümierung und Ritualen zeigen, welche Bedeutung der Alltagsflucht beim Bezug auf das Teuflische zukommt. Traditionelle Teufelsbilder, Höllenängste und „religiös" verbrämte Rituale schaffen in den säkularisierten Lebenswelten der 14- bis 40-Jährigen atmosphärische Fremdheitserfahrungen, die mit unterschiedlicher Ernsthaftigkeit verfolgt werden und nur selten Ausdruck eines reflektierten Glaubens sind.

Dies illustrieren vor allem die satanischen Schockrocker der 1970er und 1980er Jahre wie Alice Cooper und Hell. Hier bot die traditionelle teuflische Bildsprache vor allem eine wirkungsvolle Möglichkeit, auf der Bühne Gegenwelten zu schaffen. Mit teuflisch-atmosphärischer Ästhetik sollte das Publikum überrumpelt und gefangen werden. Bandfotos mit okkulter Symbolik sollten das eigene Image schärfen, während man gesellschaftliche Missstände und normabweichendes Verhalten fast wie beim Karnevalsumzug überzeichnet in Szene setzte. Dies zielt auf das Publikum einer an individuellen emotionalen Höhepunkten interessierten Erlebnisgesellschaft, wie sie von Gerhard Schulze für die 1980er Jahre skizziert wurde. Kreativität, Selbstwirksamkeit – und nicht zuletzt Unterhaltung und Vergnügen bilden bis heute die Koordinaten dieses ästhetischen Spiels mit dem Teufel im Heavy Metal.

Gerade die spielerischen und karnevalesken Aspekte, die in der kreativen Aneignung des Teufels durch die Metal-Kultur zu Tage treten, legen einen weiteren zentralen Aspekt offen: Auch wenn besorgte Eltern, christliche Autoritäten, Wissenschaftlerinnen und selbsternannte Sektenexperten noch in den 1990er Jahren vor jugendgefährdender Teufelsmusik warnten oder wie der Religionswissenschaftler Friedrich-Wilhelm Haack gar von „Europas neuer Religion" sprachen,[96] hat sich gezeigt, wie selten der Teufel im Heavy Metal tatsächlich auf einem reflektierten religiösen Unterbau thront. Gerade die Bindung des Teufels an die populäre Musik trug dazu bei, ihn aus dem christlichen Kontext zu lösen und zu „säkularisieren". Glauben Millionen von Fans von AC/DCs „Highway to Hell" tatsächlich daran, auf dem Weg in die Hölle zu sein, wie es der berüchtigte Heavy Metal-Aufklärer Fernando Salazar-Banol in den 1980er Jahren unterstellte? Oder spielt nicht mehr der treibende Rhythmus des Liedes sowie seine zentrale Aussage, über die Stränge zu schlagen, die entscheidende Rolle? Sind Fans von Emperor oder Dark Funeral wirklich von der Existenz des leibhaftigen Bösen überzeugt? Wohl kaum.

Der Umgang mit dem Teufel im Heavy Metal ist aber nur eines von vielen Zeichen für eine breitere gesellschaftliche Entwicklung. Auch in anderen Bereichen der Alltagskultur ist diese Popularisierung des Religiösen über Medien und Popkultur zu beobachten. Madonnenbilder auf Kaufhaus-Shirts, rituelle Wechselgesänge in Fußballstadien oder eben der alttestamentarische Widersacher auf Hunderten von Heavy Metal-Coverartworks – über den globalen Markt der Popkultur hat sich der Teufel selbstständig gemacht und von seinen theologischen Wurzeln emanzipiert. In die Patchwork-Religiosität der Gegenwart reiht sich der Teufel des Heavy Metal so nahtlos ein. Denn die weltweite Popularisierung und Adaption traditionell christlicher Teufelsbilder muss keine Rückwendung zu christlichen Glaubensinhalten oder Kirchenfeindlichkeit bedeuten. Das Gegenteil scheint eher der Fall zu sein: Je vielfältiger und dennoch standardisierter die Teufelsbilder werden, umso klarer löst sich der Teufel von seinem religiösen Ursprung. Das Satanische gerät zum Spiel, der Teufel zur gegenkulturellen Ikone. Mehr noch: Der Teufel ist ein Popstar. Er ist wandelbar und stets an die aktuellsten Bedürfnisse angepasst.

Die Art und Weise, wie zuerst die Rockmusik der 1960er Jahre und ab den 1970er Jahren der Heavy Metal die Grenzen des Sagbaren und Zeigbaren verschoben haben, zeigt: Der Teufel ist auch ein Gradmesser kultureller Konfliktlinien. Gerade in einer überempfindlichen Ära wie der Gegenwart fordert uns der Teufel im Heavy Metal zu einem selbstbewussten Umgang mit provokanter, ja schockierender Kunst heraus – egal wie stumpf und unterkomplex sie in ihren Extremfällen sein mag. Die seit mehr als 50 Jahren andauernden teuflischen Provokationen im Heavy Metal zwingen uns schließlich auch, uns mit der Freiheit des kreativen Ausdrucks und der weitreichenden Frage, was Kunst darf, auseinanderzusetzen. Gerade die aktuellen scharf und teils unversöhnlich geführten Debatten um die „Grauzonen" zwischen einem von Vielen als akzeptabel empfundenen satanistischen Black Metal und faschistisch unterwanderten Szenestrukturen verdeutlichen diese Kulturkämpfe. Die Grenze scheint für weite Teile der Szene aktuell dort gezogen zu werden, wo die Ideologie des Black Metal in die Tagespolitik zu kippen droht und sich jenseits eines vagen Elitenkults für rechte Identitätspolitik, Rassismus, Antifeminismus und Transfeindlichkeit öffnet. Der Teufel im Heavy Metal ist so geradezu ein Indikator für demokratiefreundliche und -feindliche Entwicklungen.

In Folge der Modernisierung unserer Alltage brechen allerorten gewohnte Strukturen auf, verändern sich oder werden durch neue ersetzt. Die Globalisierung und Individualisierung beschleunigen das noch. Das weckt Sehnsüchte nach Bekanntem. Tatsächlich ist innerhalb dieser Modernisierungsprozesse ein ausgeprägter Rückgriff auf Vergangenes festzustellen. Tradition hat Konjunktur. Auch hier ist der Teufel im Heavy Metal Spiegelbild breiterer gesellschaftlicher Entwicklungen, der Wiederbelebung alter Bräuche und der lebendigen Diskussionen um kulturelles Erbe. Die satanischen Bilder im Heavy Metal des späten 20. und frühen 21. Jahrhunderts mit ihren Erzählungen von schwarzen Messen, ihrem Faible für rituelle Formen und Sprache und ihrer Begeisterung für vormodernes okkultes Wissen, vor allem aber die neuheidnischen Erzählungen des Pagan Metal lassen sich als rückwärtsgewandte Utopien lesen. Es sind Rückgriffe auf eine romantisierte dunkle Vergangenheit, in der sich trefflich schwelgen lässt.

Und die Geschichte des Teufels im Heavy Metal illustriert noch eine weitere soziale Entwicklung. Wenn heute Ozzy Osbourne aus den Boxen einer Stereoanlage schreit „My name is Lucifer, please take my hand", erschallt Black Sabbaths Song „N.I.B." keineswegs mehr nur im christlich geprägten globalen Norden. Walhalla in Singapur, außerirdische sumerische Dämonen und japanische Teufelsbeschwörer – die gegenwärtigen Individualisierungstendenzen machen die Traditionsfigur Teufel transnational. Dass es dabei zu Konflikten, aber auch Anpassungsprozessen kommt, ist unvermeidbar. Gerade die Entwicklung des Teufels im Heavy Metal muslimisch geprägter Staaten illustriert, wie brisant Satan als Rebell hier noch immer ist. Wo Heavy Metal noch als Bedrohung wahrgenommen und Bands und Fans staatlich verfolgt werden, bildet der Teufel einmal mehr einen Gradmesser für demokratische Meinungsverschiedenheit und die Freiheit der Kunst.

Der Teufel und der Umgang des Menschen mit dem Teufel ist so ein Spiegelbild der gesellschaftlichen Verhältnisse: Mit unserer Alltagskultur wandelt sich auch der Teufel. Der Rückgriff auf das Traditionelle geschieht dabei nicht willkürlich, sondern stets vor dem Hintergrund kultureller Bedürfnisse und medialer Einflüsse. So wird der Teufel laufend in neue, sich der aktuellen gesellschaftlichen Situation anpassende Gewänder gehüllt. Das Traditionelle bildet so zugleich das Moderne.

Und der Teufel bleibt dabei gefährlich, denn er fordert uns als Widersacher heraus, uns den unangenehmen Dingen der Welt zu stellen. Auch und gerade im Heavy Metal.

Vierzig satanische Referenzwerke

The Crazy World of Arthur Brown – *The Crazy World of Arthur Brown* (1968)
Coven – *Witchcraft Destroys Minds and Reaps Souls* (1969)
Black Widow – *Sacrifice* (1970)
Black Sabbath – *Black Sabbath* (1970)
Jacula – *Tardo Pede in Magiam Versus* (1972)
AC/DC – *Highway to Hell* (1979)
Venom – *Welcome to Hell* (1981)
Iron Maiden – *The Number of the Beast* (1982)
Cloven Hoof – *The Opening Ritual EP* (1982)
Hell – *Save Us from Those Who Would Save Us EP* (1983)
Hellhammer – *Apocalyptic Raids* (1984)
Mercyful Fate – *Don't Break the Oath* (1984)
Sodom – *Obsessed by Cruelty* (1985)
Slayer – *Hell Awaits* (1985)
Celtic Frost – *To Mega Therion* (1985)
Sabbat – *Sabbat 7"* (1985)
Satan's Host – *Metal from Hell* (1986)
Bathory – *Under the Sign of the Black Mark* (1987)
Sarcofago – *I.N.R.I.* (1987)
Tormentor – *Anno Domini* (1988)
Morbid Angel – *Altars of Madness* (1989)
Blasphemy – *Fallen Angel of Doom* (1990)
Master's Hammer – *Ritual* (1991)
Samael – *Worship Him* (1991)
VON – *Satanic Blood Demo* (1992)
Darkthrone – *A Blaze in the Northern Sky* (1992)
Impaled Nazarene – *Tol Cormpt Norz Norz Norz* (1993)
Abruptum – *Obscuritatem Advoco Amplectere Me* (1993)
Burzum – *Aske EP* (1993)

Mayhem – *The Mysteriis Dom Sathanas* (1994)
Emperor – *In the Nightside Eclipse* (1994)
Dissection – *Storm of the Light's Bane* (1995)
Ofermod – *Mystérion Tés Anomias* (1998)
Katharsis – *666* (2000)
Watain – *Casus Luciferi* (2003)
Deathspell Omega – *Si monvmentvm reqvires, circvmspice* (2004)
The Devil's Blood – *The Time of No Time Evermore* (2009)
Behemoth – *The Satanist* (2014)
Ghost – *Popestar* (2016)
NEDXXX – *NEDXXX* (2019)

Anmerkungen

1. Eine ausführlichere, wissenschaftlich weiterführende Darstellung findet sich in meiner 2011 im Waxmann-Verlag erschienenen Dissertation *Sympathy for the Devil*.
2. Meyer, Silke: Narrativität. In: Heimerdinger, Timo/Tauschek, Markus: Kulturtheoretisch argumentieren. Münster u. a. 2020, S. 323–350.
3. Interview mit Solefald. In: Ablaze 28 (August/September 1999). Dieses und die im Folgenden angeführten englischsprachigen Interviews und Presseberichte wurden für dieses Buch von mir ins Deutsche übersetzt.
4. Walser, Robert: Running with the Devil. Power, Gender, and Madness in Heavy Metal Music; Hanover 1993, S. 45.
5. Vgl. Brennecke, Ernst: Der Teufel in der Musik – diabolus in musica. In: Hinrichsen, Torkild (Hg.): Wo man vom Teufel spricht. Wahre Geschichte eines Widerlings. Husum 2001, S. 53.
6. Vgl. Weinstein, Deena: Just So Stories: How Heavy Metal Got Its Name. A Cautionary Tale. In: Rock Music Studies 1 (2014), H. 1, S. 36–51. DOI: https://doi.org/10.1080/19401159.2013.846655. Zitate im Folgenden nach dieser Publikation.
7. Walser, Running with the Devil, S. 1.
8. Geezer Butler, zitiert nach: Rensen, Michael: Black Sabbath. Satansbraten wider Willen. In: Rock Hard 271 (12/2009).
9. Geezer Butler, zitiert nach Popoff, Martin: Black Sabbath. Doom Let Loose. An Illustrated History. Toronto 2006, S. 61.
10. Tony Iommi, zitiert nach: Rensen, Black Sabbath.
11. Ebd.
12. Geezer Butler, zitiert nach Popoff, Black Sabbath, S. 2 f.
13. Geezer Butler, zitiert nach Rensen, Black Sabbath.
14. Geezer Butler, zitiert nach Popoff, Black Sabbath, S. 21.
15. Zitiert nach Rensen, Black Sabbath.
16. Anton LaVey, zitiert nach Baddeley, Gavin: Lucifer Rising. Sin, Devil Worship and Rock 'n' Roll. 2. Aufl., London 2006, S. 88.
17. Moynihan, Michael/Söderlind, Didrik: Lords of Chaos. The Bloody Rise of the Satanic Metal Underground. Venedig 1998, S. 6–7 (eigene Übersetzung).

18 Vgl. Hollstein, Walter: Der Untergrund. Zur Soziologie jugendlicher Protestbewegungen. Neuwied/Berlin 1969, S. 68.

19 Brake, Mike: Soziologie der jugendlichen Subkulturen. Eine Einführung. Frankfurt am Main/New York 1981, S. 79.

20 Vgl. Reckwitz, Andreas: Die Gesellschaft der Singularitäten. Zum Strukturwandel der Moderne. Frankfurt am Main 2017.

21 Tuli Kupferberg (Mitglied der intellektuellen Hippie-Band The Fugs), zitiert nach Baacke, Dieter: Jugend und Jugendkulturen. Darstellung und Deutung. 4. Aufl. Weinheim/München 2004, S. 60.

22 Kenneth Anger, zitiert nach Baddeley, Lucifer Rising, S. 52.

23 LaVey, Anton Szandor: The Satanic Bible. New York 2005 (zuerst 1969).

24 Jimmy Page, zitiert nach Baddeley, Lucifer Rising, S. 96.

25 David Bowie, zitiert nach Taylor, Greg: Occult Rock. From Blues to Prog Rock, the Devil is in the Details. In: DarkLore 2 (2008), S. 15. – Empfehlenswert und materialreich in Bezug auf Bowie: Koenig, Peter: The Laughing Gnostic: David Bowie and the Occult. https://www.parareligion.ch/bowie.htm [Zugriff: 24.10.2023].

26 Capewell, Mick: An Exclusive Interview with Clive Jones. http://www.marmalade-skies.co.uk/peskygeeblackwidow.htm [Zugriff: 24.10.2023].

27 Vgl. Knoblauch, Hubert: Populäre Religion. Auf dem Weg in eine spirituelle Gesellschaft. Frankfurt am Main 2009, S. 193–200. Vgl. auch Ders.: Vom New Age zur populären Spiritualität. In: Lüddeckens, Dorothea/Walthert, Rafael (Hg.): Fluide Religion. Neue religiöse Bewegungen im Wandel. Theoretische und empirische Systematisierungen. Bielefeld 2010, S. 167.

28 Lüddeckens, Dorothea/Walthert, Rafael: Fluide Religion. Eine Einleitung. In: Dies. (Hg.): Fluide Religion. Neue religiöse Bewegungen im Wandel. Theoretische und empirische Systematisierungen. Bielefeld 2010, S. 10.

29 Vgl. Bebergal, Peter: Season Of The Witch. How The Occult Saved Rock and Roll. New York 2015.

30 Thorne, Mike: Arthur Brown in Interview. http://stereosociety.com/abintmt [Zugriff: 24.10.2023].

31 Ebd.

32 Winkler, Willi: „Ohne Musik wären wir nur Kasperltheater". Im Interview: Alice Cooper. In: Süddeutsche Zeitung, 18.7.2008.

33 Alice Cooper, zitiert nach Graves, Barry/Schmidt-Joos, Siegfried: Rock-Lexikon. Reinbek 1990, S. 59.

34	Alice Cooper, zitiert nach Winkler, „Ohne Musik wären wir nur Kasperltheater".
35	Interview mit Gene Simmons. In: Break Out Magazin 31 (2/1997).
36	Interview mit Paul Stanley. In: Q Magazin 11/1994.
37	Walker, Rich: Interview mit Hell. In: Pariah Child 2 (2007).
38	Ebd.
39	Terry Jones im Interview mit dem Verfasser, 23.1.2009.
40	Zitiert nach Kühnemund, Götz: Härter als Motörhead, schneller als Venom! In: Rock Hard 265 (Juni 2009).
41	Cronos, zitiert nach http://www.venomcollector.com/info2.cfm?info_id=44377 [Zugriff: 23.10.2023].
42	Barton, Geoff: Cronos in Interview. In: Classic Rock Magazine (Juni 2004).
43	Bunutto, Dante: Venom in Interview. In: Kerrang! Magazine (November 1982).
44	Stöver, Frank: Interview mit Cronos (Venom). In: Voices from the Darkside 9 (1995).
45	Ebd.
46	Ebd.
47	Oliver, Derek: Cronos in Interview. In: Kerrang! Magazine (Mai 1985).
48	Kitts, Jeff: Cronos in Interview. In: Revolver Magazine (April 2006).
49	Abaddon, zitiert nach https://www.venomcollector.com/info2.cfm?info_id=44377 [Zugriff: 23.10.2023].
50	Zitiert nach Herr, Matthias: Matthias Herr's Heavy Metal Lexikon Vol. 1. Berlin 1993, S. 140.
51	Kühnemund, Götz: Wir haben immer versucht, einen Schritt weiter zu gehen als alle anderen. In: Rock Hard 201 (Februar 2004).
52	Dümpelmann, Simon. Evil Shit. Interview mit Slayer. In: Legacy 33 (Oktober/November 2004).
53	Ebd.
54	Jaedike, Jan: Der coole Papa von nebenan. In: Rock Hard 232 (September 2006).
55	Quorthon, zitiert nach http://www.bathory.nu/x1.htm [Zugriff: 6.1.2010].

56	Ebd.
57	Interview mit Quorthon. In: Ablaze Magazin 5 (Mai 1995).
58	Quorthon, zitiert nach http://www.bathory.nu/x1.htm [Zugriff: 6.1.2010].
59	Mantas, zitiert nach Wehrli, Reto: Verteufelter Heavy Metal. Forderungen nach Musikzensur zwischen christlichem Fundamentalismus und staatlichem Jugendschutz. Münster 2001, S. 94.
60	Larry Lalonde, zitiert nach Herr, Heavy Metal Lexikon Vol. 1, S. 116.
61	Ross Friedman im Interview mit dem Verfasser, 8.4.2006.
62	Vgl. Die Bibel, Matthäus-Evangelium 7, 13–14.
63	Geezer Butler, zitiert nach Popoff, Black Sabbath, S. 63.
64	Lenz, Peter: „It isn't Rock 'n' Roll – that's why we like it." Faschistische und satanistische Tendenzen des Heavy Metal im Kontext der Geschichte der Rockmusik. In: Dahl, Erhard/Dürkorb, Carsten (Hg.): Rock Lyrik. Exemplarische Analysen englischsprachiger Song-Texte. Essen 1989, S. 206 f.
65	Roccor, Bettina: Heavy Metal. Kunst, Kommerz und Ketzerei. Berlin 1998, S. 64 f.
66	Albrecht, Frank: David Letterman hat Pech gehabt. Interview mit King Diamond. In: Rock Hard 178 (März 2002).
67	Rönnebeck, Jenny: Der König lässt die Puppen tanzen. Interview mit King Diamond. In: Rock Hard 199 (Dezember 2003).
68	Fierce: King Diamond: Biophilographie. Interview mit King Diamond, 5.2.2002. https://vampster.com/interviews/king-diamond-biophilographie [Zugriff: 22.2.2023]. Grammatik behutsam korrigiert.
69	Kühnemund, Götz: Satanismus, Humanismus oder Faschismus? Interview mit King Diamond. In: Rock Hard 113 (Oktober 1996).
70	Interview mit Revenge. In: Seelenbluten 5 (Mai 2003).
71	Stehle, Rüdiger: Interview mit J. Read, 11.1.2005. https://www.powermetal.de/content/artikel/show-REVENGE__Interview_mit_J__Read,5237-1.html [Zugriff: 27.11.2023].
72	Ngolls, Josh: Interview mit Peter Helmkamp, 2002. http://www.tartareandesire.com/interviews/helmkamp.html [Zugriff: 27.2.2010].
73	O'Leary, Darragh: Interview mit Peter Helmkamp, 2010. https://www.voicesfromthedarkside.de/interview/pete-helmkamp [Zugriff: 08.11.2023].
74	Ebd.

Anmerkungen

75 Vgl. Roccor, Heavy Metal, S. 94.

76 Albrecht, Frank: Interview mit Darkthrone. In: Rock Hard 51 (August 1991).

77 Interview mit Quorthon in: Grimoire Magazine 5, https://grimoireofexalteddeeds.com/tag/quorthon [Zugriff: 8.11.2023].

78 Metalion (Herausgeber des *Slayer*-Magazines und Zeitzeuge der Norwegen-Szene), zitiert nach Moynihan/Söderlind, Lords of Chaos, S. 39.

79 Euronymous (1992), zitiert nach Baddeley, Lucifer Rising, S. 205.

80 Ebd., S. 206.

81 Ihsahn, zitiert nach Moynihan/Söderlind, Lords of Chaos, S. 196.

82 Zitiert nach Cilobaid, Lenatas: „Dark Funeral. Wen der schwarze Tod ereilt … den lässt er nicht mehr los!" In: Deftone 5 (April 1998).

83 Turner, Gabi: Interview mit Lord Belial. In: Ablaze 13 (November/Dezember 1996).

84 Zitiert nach Seidl, Roman: Ideologie im Black Metal. Eine psychologische Analyse zu Neuheidentum und rechtsextremer Gesinnung. Saarbrücken 2008, S. 88.

85 Ebd., S. 16.

86 Interview mit Aeturnus. In: Rock Hard 124 (September 1997).

87 Spermeth, Marc: Interview mit Old Man's Child. In: Ablaze 12 (September/Oktober 1996).

88 Fra Diavolo: Interview mit Mactätus. In: Ablaze 25 (Januar/Februar 1999).

89 Dead, zitiert nach Herr, Matthias: The Black Metal Bible. Berlin/Britz 1998, S. 349.

90 Fenriz, zitiert nach Essential Black Metal Listening. Darkthrone: Transilvanian Hunger, 17.7.2017. https://metalinjection.net/black-metal-chronicles/essential-black-metal-listening-darkthrone-transilvanian-hunger [Zugriff: 12.1.2024].

91 Södergren, Hakan: Varg Vikernes talks of Eugenics, Thule, NHF, Norge and more. In: The Muspellzheimr Journal 1 (1998).

92 Schmötzer, Heiko: Interview mit Graveland. In: Ablaze 6 (September/Oktober 1995).

93 Möri: Interview mit Rob Darken. In: Genocide 1 (1995).

94 Arcadius Piper, zitiert nach Dornbusch, Christian/Killguss, Hans-Peter: Unheilige Allianzen. Black Metal zwischen Satanismus, Heidentum und Neonazismus. Hamburg/Münster 2005, S. 58.

95 Interview mit Sabbat. http://www.metalnightmare.com/issue_one/sabbat.html [Zugriff: 31.3.2010].

96 Haack, Friedrich-Wilhelm: Europas neue Religion. Sekten, Gurus, Satanskult. Freiburg 1991.

Hartmut Rosa

When Monsters Roar and Angels Sing

Eine kleine Soziologie des Heavy Metal

2023. 187 Seiten mit 3 Abb. Kart. € 20,–
ISBN 978-3-17-042648-1

Reihe: Metalbook

Ehemals Musik junger Abgehängter und Outlaws, ist Heavy Metal heute mehr und mehr in der Mitte der Gesellschaft angekommen: Wohl mehr als 10 Millionen Deutsche hören Heavy Metal. Aber warum tun sie das? Was suchen und was finden sie in dieser Musik, die von Außenstehenden oft als purer Lärm empfunden wird? Warum wimmelt es im Heavy Metal nur so von Monstern und Teufeln – und wieso schweigen auch die Götter und die Engel nicht? Was erleben Metalfans, wenn sie ihre Musik hören – und welche Erfahrung treibt sie immer wieder ins Konzert? Wieso lesen sie ständig Musikzeitschriften und hören nicht auf, CDs zu kaufen? Wie ist es zu erklären, dass 40 Prozent der Metalfans behaupten, die Musik habe ihr Leben gerettet? Warum ist Heavy Metal stärker als die Musikindustrie? Worum geht es im Heavy Metal wirklich? Diese Fragen und mehr beantwortet Hartmut Rosa in dieser kleinen Soziologie des Heavy Metal.

Prof. Dr. Hartmut Rosa lehrt Allgemeine und Theoretische Soziologie an der Universität in Jena. Er ist leitender Direktor des Max-Weber-Kollegs in Erfurt.

Weitere Informationen unter **shop.kohlhammer.de**

Jörg Scheller/Jochen Neuffer

Make Metal Small Again

20 Jahre Malmzeit

*2023. 193 Seiten mit 41 Abb.
Kart. € 20,–
ISBN 978-3-17-043435-6*

Reihe: Metalbook

Metalbands stehen auf gewaltigen Bühnen, vor Verstärkertürmen und Tausenden wilder Fans. Sie trinken kübelweise Bier, rauschen in Tourbussen durch die Nacht und besingen Sex, Drogen und den Tod. Ihr größtes Ziel: Wacken. Alle Metalbands? Nein!
Eine kleine Metalband tingelt seit zwei Jahrzehnten über Dorffeste, Vereinsfeiern, Hochzeiten, Vernissagen und durch Geburtstagspartys. Sie hat keine Verstärker, keine Plattenfirma. Sie liefert annähernd CO_2-neutralen Metal wie Pizza auf Bestellung und hätte einmal beinahe Angela Merkel beschallt. Sie singt nur übers Wetter und spielt im Sitzen, gediegen gekleidet und teetrinkend. Sie richtet sich gleichermaßen an Bildungsbürger, Mutbürger, Spießbürger.
Ihr Name: Malmzeit. Ihr Genre: Kammermetal.
Ihr Motto: Make Metal Small Again!
Tauchen Sie ein in die völlig irre Bandbiographie der kleinsten Metalband der Welt, verfasst von den Musikern selbst. Ein Buch voller bizarrer Ereignisse, das komplett erfunden sein könnte, wäre nicht jedes Wort wahr!

Jörg Scheller ist Sänger und Bassist von Malmzeit,
Jochen Neuffer spielt Gitarre und programmiert die Beats.

Weitere Informationen unter **shop.kohlhammer.de**